かんたん！ラクチン！

作りおきの便利おかず 218

おいしくて飽きない！ 長もちおかず満載！

食のスタジオ 編

西東社

もくじ

- 作りおきおかずが便利なわけ ……… 6
- 作りおきおかずの使い方あれこれ …… 7
- 保存容器の選び方 ……………………… 8
- 保存のしかたと解凍のしかた ………… 9
- この本の使い方 ………………………… 10

1 6つの定番 作りおきおかず

定番の作りおきおかず①
牛すき煮 ……………………… 12
ちょいかえ！
- おかず牛サラダ ……………… 13
- カレーうどん ………………… 13
- 牛肉のジョン ………………… 13

定番の作りおきおかず②
ラタトゥイユ …………………… 14
ちょいかえ！
- ラタトゥイユオムレツ ……… 15
- ミネストローネ ……………… 15
- 野菜リゾット ………………… 15

定番の作りおきおかず③
キーマカレー …………………… 16
ちょいかえ！
- キーマジャージャー麺 ……… 17
- じゃがいものサブジ ………… 17
- 焼きカレー …………………… 17

定番の作りおきおかず④
ジューシーハンバーグ ………… 18
ちょいかえ！
- バターロールハンバーガー … 19
- 煮込みハンバーグ …………… 19
- 焼きメンチカツ ……………… 19

定番の作りおきおかず⑤
塩から揚げ ……………………… 20
ちょいかえ！
- ピリ辛鶏 ……………………… 21
- 揚げだしチキン ……………… 21
- ひと口チキン南蛮 …………… 21

定番の作りおきおかず⑥
ひじきの煮物 …………………… 22
ちょいかえ！
- マヨキャベひじき …………… 23
- 具だくさん卵焼き …………… 23
- 和風ひじきパスタ …………… 23

📖 作りおき便利MEMO
主食の冷凍保存 ………………………… 24

2 肉の作りおきおかず

作りおき食材① 鶏もも肉
- 鶏肉のゆずこしょうソテー ……… 26
- 鶏肉のめんつゆ煮 ……… 27
- 鶏肉のエスニック焼き ……… 27
- 鶏肉の梅にんにく焼き ……… 28
- バターチキンカレー ……… 29
- ちょいかえ！●バターチキンドリア ……… 29

作りおき食材② 鶏むね肉
- ふわふわチキンナゲット ……… 30
- タンドリーチキン ……… 31
- 鶏肉のサルティンボッカ風 ……… 31
- 鶏肉とかぼちゃのたれ焼き ……… 32
- ちょいかえ！●チキントースト ……… 32
- 鶏肉のレンジロール ……… 33

作りおき食材③ 鶏ひき肉
- 鶏ひき肉のきつね煮 ……… 34
- れんこんお焼き ……… 35
- ガパオそぼろ ……… 35
- ちょいかえ！●サラダうどん ……… 35
- ねぎ塩つくね ……… 36
- ちょいかえ！●照りつくね丼 ……… 36
- かば焼き鶏 ……… 37

作りおき食材④ 鶏ささみ
- 鶏ささみのチーズガーリックピカタ ……… 38
- 鶏ささみの梅じそロール巻き ……… 39
- 鶏ささみのマヨ七味焼き ……… 39

作りおき食材⑤ 鶏手羽先
- 鶏手羽のママレード煮 ……… 40
- 鶏手羽のゆずこうじ焼き ……… 41
- 鶏手羽の揚げポン漬け ……… 41

📖 作りおき便利MEMO
使える！　おかずのたれ・ソース ……… 42

作りおき食材⑥ 豚バラ薄切り肉
- アスパラの豚巻き ……… 44
- 豚肉のゆかりしそロール ……… 45
- 豚肉のにんにく塩煮 ……… 45
- ちょいかえ！●塩肉豆腐 ……… 45
- 豚肉とさつまいもの塩昆布蒸し ……… 46
- ちょいかえ！●豚肉とさつまいもコロッケ ……… 46
- 豚肉と小松菜のコチュジャン炒め ……… 47

作りおき食材⑦ 豚こま切れ肉
- 豚こま逆さシューマイ ……… 48
- 豚肉とれんこんの山椒きんぴら ……… 49
- 豚肉のごま団子 ……… 49
- 豚肉としめじのすき煮 ……… 50
- 豚肉のカリカリポークビネガー ……… 51
- ちょいかえ！●カリカリポークサラダ ……… 51

作りおき食材⑧ 豚しょうが焼き用肉
- 韓国風しょうが焼き ……… 52
- 豚肉のみそマヨグリル ……… 53
- ひと口チーズとんかつ ……… 53
- ちょいかえ！●チーズカツサンド ……… 53

作りおき食材⑨ 豚ロースとんかつ用肉
- 豚肉のパセリパン粉焼き ……… 54
- すし酢酢豚 ……… 55
- 中華風ポークソテー ……… 55

作りおき食材⑩ 豚バラかたまり肉
- 和風チャーシュー ……… 56
- サムギョプサル風豚キャベツ ……… 57
- 豚肉と豆のトマト煮 ……… 57

作りおき食材⑪ 豚ひき肉
- ジャージャーなす ……… 58
- 焼きソーセージ ……… 59
- レンジポークボール ……… 59

作りおき食材⑫ 牛こま切れ肉
- 牛肉のしょうが煮 ……… 60
- 牛肉とパプリカのマリネ ……… 61
- 牛肉のケチャップ炒め ……… 61
- 牛肉と根菜のみそ煮 ……… 62
- ちょいかえ！●和風根菜カレー ……… 62
- 牛肉ときのこのバルサミコ炒め ……… 63

作りおき食材⑬ 牛薄切り肉
- 牛肉の野菜巻き ……… 64
- 牛肉のココナッツカレー ……… 65
- 牛肉のミルフィーユカツ ……… 65

作りおき食材⑭ 牛カレー用肉
- ポトフ ……… 66
- ちょいかえ！●クリームシチュー ……… 66
- 牛肉の塩こうじ焼き ……… 67
- 牛肉のデミグラスソース煮 ……… 67

作りおき食材⑮ 合いびき肉
- 薄型ミートローフ ……… 68
- オクラの肉みそ炒め ……… 69
- 韓国風ひき肉焼き ……… 69

📖 作りおき便利MEMO
肉の冷凍保存 ……… 70

3 魚介の作りおきおかず

作りおき食材① 鮭
　鮭のちゃんちゃん焼き ・・・・・・・・・・・ 72
　鮭と大根の煮物 ・・・・・・・・・・・・・・・・・ 73
　鮭のカレー竜田揚げ ・・・・・・・・・・・・・ 73
　鮭の幽庵焼き風 ・・・・・・・・・・・・・・・・・ 74
　鮭のコーンクリーム煮 ・・・・・・・・・・・ 75
　　ちょいかえ！●鮭グラタン ・・・・・・・ 75

作りおき食材② かじき
　かじきのキムチ蒸し ・・・・・・・・・・・・・ 76
　かじきのくわ焼き山椒風味 ・・・・・・・ 77
　かじきのオイスターソース炒め ・・・ 77
　かじきのトマト煮 ・・・・・・・・・・・・・・・ 78
　　ちょいかえ！●かじきのトマトリゾット ・・ 78
　かじきのエスカベッシュ風 ・・・・・・・ 79

作りおき食材③ さば
　さばのコチュジャン煮 ・・・・・・・・・・・ 80
　さばのレモン蒸し ・・・・・・・・・・・・・・・ 81
　焼きしめさば ・・・・・・・・・・・・・・・・・・・ 81
　　ちょいかえ！●焼きさば寿司 ・・・・・ 81

作りおき食材④ あじ
　あじのねぎみそ焼き ・・・・・・・・・・・・・ 82
　あじのしそチーズフライ ・・・・・・・・・ 83
　あじのバターしょうゆ焼き ・・・・・・・ 83

　📖 作りおき便利MEMO
　冷凍できる！ みそ汁の具とスープ ・・・ 84

作りおき食材⑤ さんま
　さんまのハーブソルト焼き ・・・・・・・ 86
　さんまのごま煮 ・・・・・・・・・・・・・・・・・ 87
　さんまのイタリアンロースト ・・・・・ 87

作りおき食材⑥ ぶり
　ぶりの黒こしょう焼き ・・・・・・・・・・・ 88
　ぶりの豆板醤煮 ・・・・・・・・・・・・・・・・・ 89
　ぶりのタンドリー風 ・・・・・・・・・・・・・ 89

作りおき食材⑦ たら
　たらのポン酢蒸し ・・・・・・・・・・・・・・・ 90
　たらの青じそピカタ ・・・・・・・・・・・・・ 91
　たらの南蛮漬け ・・・・・・・・・・・・・・・・・ 91

作りおき食材⑧ いか
　いかのホイル焼き ・・・・・・・・・・・・・・・ 92
　いかとブロッコリーの中華炒め ・・・ 93
　いかと里いもの煮物 ・・・・・・・・・・・・・ 93

作りおき食材⑨ えび
　かぶとえびの白だし煮 ・・・・・・・・・・・ 94
　　ちょいかえ！●えびの茶碗蒸し ・・・ 94
　えびのオイル煮 ・・・・・・・・・・・・・・・・・ 95
　えびチリ ・・・・・・・・・・・・・・・・・・・・・・・ 95

作りおき食材⑩ ツナ
　ツナと小松菜のコロッケ ・・・・・・・・・ 96
　ツナのキャベツ炒め ・・・・・・・・・・・・・ 97
　ゴーヤのツナボード ・・・・・・・・・・・・・ 97

　📖 作りおき便利MEMO
　魚介の冷凍保存 ・・・・・・・・・・・・・・・・・ 98

4 野菜の作りおきおかず

作りおき食材① にんじん
　キャロットラペ ・・・・・・・・・・・・・・・・・ 100
　にんじんのナッツ蒸し ・・・・・・・・・・・ 101
　にんじんのツナ炒め ・・・・・・・・・・・・・ 101

作りおき食材② キャベツ
　キャベツの梅おかかあえ ・・・・・・・・・ 102
　キャベツとカニカマのコールスロー ・・ 103
　キャベツと厚揚げのピリ辛炒め ・・・ 103

作りおき食材③ 長ねぎ
　長ねぎのたらこ煮 ・・・・・・・・・・・・・・・ 104
　焼きねぎマリネ ・・・・・・・・・・・・・・・・・ 105
　長ねぎのザーサイ炒め ・・・・・・・・・・・ 105

作りおき食材④ ほうれん草
　ほうれん草のじゃこあえ ・・・・・・・・・ 106
　ほうれん草のクリーム煮 ・・・・・・・・・ 107
　巣ごもり卵 ・・・・・・・・・・・・・・・・・・・・・ 107

作りおき食材⑤ 玉ねぎ
　玉ねぎのゆずこしょう焼き ・・・・・・・ 108
　玉ねぎとじゃこの炒め物 ・・・・・・・・・ 109
　玉ねぎと麩の煮びたし ・・・・・・・・・・・ 109
　　ちょいかえ！●玉ねぎと車麩の卵とじ ・・ 109

作りおき食材⑥ なす
　なすとおかかベーコン ・・・・・・・・・・・ 110
　焼きなすの香味漬け ・・・・・・・・・・・・・ 111
　なすの塩こうじあえ ・・・・・・・・・・・・・ 111

作りおき食材⑦ ごぼう
　たたきごぼう ・・・・・・・・・・・・・・・・・・・ 112
　ごぼう南蛮 ・・・・・・・・・・・・・・・・・・・・・ 113
　ごぼうの青のりまぶし ・・・・・・・・・・・ 113

作りおき食材⑧ 大根
- 大根のみそ漬け …………………… 114
- 大根の和風炒め …………………… 115
- 大根のカレーピクルス …………… 115

作りおき食材⑨ さつまいも
- さつまいものマスタードサラダ … 116
- さつまいものペペロンチーノ …… 117
- さつまいもの塩バター煮 ………… 117

作りおき食材⑩ かぼちゃ
- かぼちゃのいとこあえ …………… 118
- [ちょいかえ！] かぼちゃ茶巾 …… 118
- かぼちゃのスイートサラダ ……… 119
- かぼちゃのナムル ………………… 119

作りおき食材⑪ 大豆（水煮）
- 昆布豆 ……………………………… 120
- 大豆のソースマリネ ……………… 121
- 大豆のチリコンカン ……………… 121
- [ちょいかえ！] チリドッグ ……… 121

作りおき食材⑫ 切り干し大根
- 切り干し大根のごまあえ ………… 122
- 切り干しナポリタン ……………… 123
- 切り干し大根の卵焼き …………… 123

◎冷凍ストックしておくと便利な野菜

トマト
- トマトそうめん …………………… 124
- トマトシャーベット ……………… 124

きゅうり
- マカロニサラダ …………………… 125
- お手軽ちらし ……………………… 125

パプリカ
- パプリカのケチャップラタトゥイユ … 126
- パプリカのオーブンオムレツ …… 126

アボカド
- アボカドやっこ …………………… 127
- カニカマとアボカドのチーズ焼き … 127

アスパラガス
- アスパラのピーナッツバターあえ … 128
- アスパラのマスタードグリル …… 128

ブロッコリー＆カリフラワー
- 温野菜ディップ …………………… 129
- ブロッコリーのカニカマあんかけ … 129

きのこ
- きのこのガーリックソテー ……… 130
- きのこ汁 …………………………… 130

じゃがいも
- ホットポテトサラダ ……………… 131
- マッシュポテトグラタン ………… 131

作りおき便利MEMO
あるとうれしい！　冷凍フルーツとデザート … 132

便利な作りおき主食

ごはん
- 炊飯器ピラフ ……………………… 134
- ゆかりじゃこ炊飯 ………………… 134
- レンジリゾット …………………… 135
- 肉なし焼き肉おにぎり …………… 135

麺
- ペンネアラビアータ ……………… 136
- マカロニグラタン ………………… 136
- ソース焼きうどん ………………… 137
- アスパラの塩昆布焼きそば ……… 137

パン
- フレンチトースト ………………… 138
- ハムチーズロールサンド ………… 138
- ジャムロールサンド ……………… 138
- ピザトースト ……………………… 139
- ガーリックトースト ……………… 139

材料別料理さくいん ………………… 140

この本のきまり
- 小さじ1は5㎖、大さじ1は15㎖、1カップは200㎖です。炊飯器用の1合は180㎖です。
- 材料の分量はほとんど4〜5人前です。一部分量が違う料理もあるので、ご確認ください。
- 電子レンジの加熱時間は600Wを目安にしています。500Wの場合は加熱時間を1.2倍にしてください。
- 冷蔵、冷凍の保存期間は、目安です。ご家庭での保存状態によって変わります。食べる前に必ずおかずの状態を確認しましょう。

作りおきおかずが便利なわけ

1 チンしてすぐ食べられる！

電子レンジで加熱するだけで、すぐに食べられるのが作りおきのいいところ。好みのおかずを作りおいて、すぐ食べたいときは冷蔵、すぐ食べないときは冷凍しておきましょう。

牛すき煮（→P12） レンジ加熱

ごはんにのせれば 牛丼 が完成！

2 おかずが長持ち！

この本で紹介する作りおきおかずは、濃いめの味つけにしたり、煮物の煮汁を少なめにしたり、悪くなりにくい工夫をしています。長持ちするから、多めに作っても最後までおいしく食べられます。

えびのオイル煮（→P95）

冷蔵 3日　　冷凍 3週間

3 食材がムダにならない！

この本では、スーパーで売っているちょっと多めの肉や魚を、全部使いきって調理できるようにしています。また、野菜はおかずのほかに便利な冷凍法も紹介しています。

肉・魚は…
1パック全部使う！

野菜は…
便利な冷凍法もカバー！

作りおきおかずの使い方あれこれ

さっと盛りつけて家ごはん

毎日たくさんのおかずを作るのは大変なもの。普段の家ごはんがどうしても手抜きになってしまう、という人には、作りおきおかずがぴったりです。温め直してサッと並べるだけで、大満足の食卓になります。

なすの塩こうじあえ（→P111）
アスパラのピーナッツバターあえ（→P128）
ガパオそぼろ（→P35）

あっという間に！

大きい主菜はひと口大に切って
小さい副菜はカップに入れて

お弁当につめるだけ！

作りおきおかずはお弁当にも便利です。温め直してお弁当に詰めるだけなので、ラクチン。あわただしい朝の時間帯でも、ほんの数分あれば、おいしいお弁当が完成します。

おいしくちょいかえ！

この本では、「毎日同じものを食べると飽きてしまうのでは？」という不安を解消。「ちょいかえ」で、作りおきおかずの活用法を紹介しています。また、「材料チェンジ」では、味、食材を変えて作る方法を紹介。ひとつのレシピから何種類ものバリエーションが楽しめます。

ひじきの煮物（→P22）

パスタに！　卵焼きに！　あえ物に！

保存容器の選び方

1 冷凍 or 冷蔵

冷凍保存するときは、乾燥と酸化を抑えることが大切です。それには、空気に触れないようにする容器が向いています。また、冷蔵保存は密閉に加え、洗って何度も使用できるものがおすすめ。

冷凍用

- **●冷凍保存用袋**
  保存用袋なら、形が変えられて省スペースで保存できます。おかずの名前と保存した日を記入しておくのを忘れずに。

- **●保存容器**
  主菜は大ケース、副菜は小ケースに入れれば、冷凍庫からの取り出しがかんたん。ケースごと電子レンジOKなのも便利。

冷蔵用

- **●密閉容器**
  中身が見えるので、冷蔵庫の作りおきおかずが一目瞭然。ワンタッチで簡単に閉まり、レンジ加熱にも対応しています。

- **●ホーロー容器**
  おかずの色が移りにくく、においがつきにくいのが特徴。直火にも強く、耐久性抜群です。密閉ふたがついたものがおすすめ。

2 主菜 or 副菜

主菜のおかずは約4〜5人分なので、大きめの容器を用意しましょう。副菜は野菜の量によって分量が変わります。深さ違いで2種類ほどあると、容器が重ねやすく使いやすいでしょう。

- **●主菜用**
  サイズ／約20×15×6cm
  容量／約1900ml

- **●副菜用**
  サイズ／約15×10×6cmまたは9cm
  容量／約800〜1000ml

3 同じ会社、シリーズの物でそろえる

同じ会社や同じシリーズの物でそろえておくと、保存容器どうしを重ねやすく、コンパクトに保存できます。また、冷蔵庫の中が整って見やすくなるので、おかずをうっかり食べ忘れた！なんてこともなくなるはず。

その他のアイテム

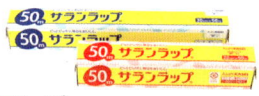

- **●ラップ**
  おかずを小分けに保存するときに。主菜、副菜用に約30cm幅、約22cm幅の2種があると便利。

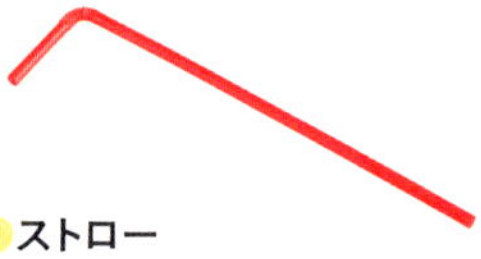

- **●ストロー**
  保存用袋から空気を抜くときの必須アイテム。袋を完全に閉め、端を少し開けてストローで吸って空気を抜きます。

- **●アルコール除菌スプレー**
  作りおきおかずの保存容器や菜箸は清潔に保っておきましょう。煮沸消毒がめんどうなときはこれひとつでOK。

保存のしかたと解凍のしかた

保存

清潔な保存容器を使う

細菌が繁殖しないように、清潔にしておきます。水と保存容器を鍋に入れて火にかけ、5〜10分煮沸し、口を下にして乾燥させます。時間がないときは除菌スプレーを。

取り分けるときはきれいな菜箸で

必ずきれいな菜箸を使いましょう。木製の菜箸は消毒するとよいでしょう。またプラスチック製の菜箸なら水分がしみ込みにくく清潔に保てます。

密閉する

保存の基本はなるべく空気に触れないようにして、酸化や冷凍焼けを防ぐこと。おかずの量にぴったりのサイズで、密閉できる容器を選びましょう。

保存の名人アドバイス

おかずは冷めてからすぐ保存！

細菌が最も繁殖しやすい温度は常温です。温かいおかずは常温で冷まし、すぐに保存するようにしましょう。常温に放置しておく時間が長いと、細菌が増える原因になってしまいます。

おかずの解凍法

冷たい料理 → 冷蔵庫解凍

冷蔵庫で自然解凍するとよいでしょう。急いでいるときは保存袋のまま流水にさらして解凍してください。

例）あえ物、漬物、エスカベッシュなどの揚げ漬けなど

温かい料理 → 電子レンジ解凍

電子レンジで解凍する際は保存袋のまま少し加熱し、溶けてきたら器に移してから再加熱してください。

例）肉、魚の煮物、焼き物、汁けのあるものなど

揚げ物

衣をつけ揚げる前の状態のものは、冷凍のまま揚げ油に入れて調理できます。また、揚げてあるものは、電子レンジ解凍してからオーブントースターで焼くと、カリッと感が復活します。

素材の解凍法

生の肉、魚など

ゆっくり解凍しないと水分が出やすいので、冷蔵庫解凍がおすすめ。急いでいるときは流水にさらす、電子レンジの生もの解凍では解凍し過ぎに注意。

野菜類

ゆで野菜や下味をつけた野菜は冷蔵庫解凍、加熱調理する場合は解凍せずそのまま料理に加えても◎。

この本の使い方

❶定番の作りおきおかず ※1章のみ
作っておくと重宝する、基本の作りおきおかずのレシピです。

❷調理時間
1時間以上の待ち時間を除いた、調理にかかる時間です。

❸冷蔵保存期間
おかずの冷蔵庫での保存期間です。

❹冷凍保存期間
おかずの冷凍庫での保存期間です。

❺Point ※1章のみ
作りおきおかずの作り方で特に重要な工程を写真付きで説明します。

❻ちょいかえ！
基本の作りおきおかずに少し手を加えるだけで、別の料理に作り変える方法です。

❼あまったら冷凍！
あまったら冷凍しておくと便利なものの保存方法を紹介します。

1章

2章以降

❽食材データ
このページのメイン食材と、作りおきに使う分量、作りおき調理のポイント、この分量で作れるレシピの紹介です。

❾ミニコラム
調理の早ワザ、調味料使い回し、保存の名人アドバイス、材料チェンジの4パターンのミニコラムで、作りおきおかずをもっと使いやすくします。

材料チェンジ
味や食材を変えて、よりおかずを楽しむ方法を教えてくれます。

調理の早ワザ
調理がちょっと楽になる方法を教えてくれます。

調味料使い回し
便利な調味料とその使い方を教えてれます。

保存の名人アドバイス
冷凍＆冷蔵の保存方法を教えてくれます。

1

6つの定番
作りおきおかず

常備しておくと便利な、基本の作りおきおかずを紹介します

定番の作りおきおかず ①

ごはんにのせるだけでかんたんに牛丼になる便利おかず

牛すき煮

⏰ 15分　冷蔵 3日　冷凍 1か月

> しっかり濃いめの味つけは保存向き！

> こっくり甘辛い味の決め手はめんつゆ！

● 材料（4〜5人分）

牛切り落とし肉 …………… 300g
A ┃ おろししょうが ……… 2片分
　 ┃ 酒 …………………… 大さじ3
玉ねぎ ……………………… 1個
B ┃ 酒 …………………… 100㎖
　 ┃ 水 …………………… 200㎖
めんつゆ（3倍希釈タイプ） 80㎖
サラダ油 …………………… 大さじ1

●作り方

1 牛切り落とし肉は大きければひと口大に切り、**A**をもみ込む。

Point
酒で下味をつけておくと、肉がやわらかく仕上がる。

2 玉ねぎは1cm幅のくし形切りにし、サラダ油を熱した鍋で炒める。

3 2の玉ねぎに油が回ったら、1の牛肉を加えてさらに炒める。

4 肉の色が変わったら、**B**を加えて煮立たせる。

5 めんつゆを加え、アクを取りながら10分ほど煮る。

Point
牛肉のアクは臭みの原因になるので、しっかり取ること。

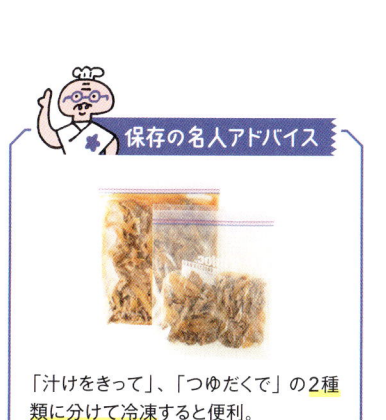

保存の名人アドバイス
「汁けをきって」、「つゆだくで」の2種類に分けて冷凍すると便利。

作りおきでちょいかえ！

牛すき煮を使って作る、副菜と主食のかんたんレシピ。

炒めるだけ！ おかず牛サラダ　⏱3分

牛すき煮 ＋ おろしにんにく・粒マスタード・クレソン

おろしにんにくとともに炒め、粒マスタードを加えて味つけ。生のクレソンをあえて。

煮るだけ！ カレーうどん　⏱5分

牛すき煮 ＋ ゆでうどん・カレールウ

少量の水とともにひと煮立ちさせたら、カレールウを溶かし、ゆでうどんを加えて。

焼くだけ！ 牛肉のジョン　⏱10分

牛すき煮 ＋ 卵・小麦粉・ニラ

同量くらいの卵、小麦粉と刻んだニラを順に混ぜ、ごま油を熱したフライパンで焼いて。

1　6つの定番作りおきおかず　① 牛すき煮

定番の作りおきおかず②

切って煮込むだけ！冷たくても温かくしてもおいしいおかず

ラタトゥイユ

⏰ 30分 ｜ 冷蔵 4日 ｜ 冷凍 1か月

> 具だくさんで彩りもいい重宝する副菜おかず！

> うまみたっぷりのトマト味で子どもも食べやすい！

●材料（4〜5人分）

A
- なす‥‥‥‥‥‥‥‥ 2本
- 玉ねぎ‥‥‥‥‥‥‥ 1個
- ピーマン‥‥‥‥‥‥ 2個
- かぼちゃ‥‥‥‥‥‥ 1/8個

ウインナーソーセージ‥‥ 6本
にんにく‥‥‥‥‥‥‥‥ 1片
オリーブ油‥‥‥‥‥‥ 大さじ1

B
- カットトマト缶‥‥ 1缶（400g）
- 酒‥‥‥‥‥‥‥‥‥ 大さじ3
- コンソメスープの素（顆粒）
  ‥‥‥‥‥‥‥‥‥‥ 小さじ2
- 塩、こしょう‥‥‥‥ 各少々

あまったら冷凍！

かぼちゃは角切りにして電子レンジ加熱すると冷凍可に。マッシュしても◎。

●作り方

1. **A**の野菜はすべて1.5cm角に切り、ウインナーソーセージは1.5cm幅の輪切りにする。にんにくはみじん切りにする。

Point
材料の大きさをそろえると、仕上がりがよく、食べたときの食感もよい。

2. 鍋にオリーブ油と1のにんにくを入れて火にかけ、香りが立ったら1のピーマン以外の材料を加えて炒める。

3. **B**を加えて煮立たせ、ふたをして中火にし、15分ほど煮込む。

4. 1のピーマンを加え、水分を飛ばすように混ぜながら強火で5分ほど煮て、塩、こしょうで味を調える。

Point
ピーマンは加熱し過ぎると色と食感が悪くなるため、最後に加える。

保存の名人アドバイス
小分けにしてラップに包み、保存袋に入れて冷凍。解凍は電子レンジで。 

作りおきで ちょいかえ！

ラタトゥイユを使って作る、メインと主食のかんたんレシピ。

かけるだけ！ ラタトゥイユオムレツ 🕐 5分

ラタトゥイユ  ＋ 卵

卵に少量の牛乳、塩、こしょうを加えてオムレツを作り、温めたラタトゥイユをかけて。

煮るだけ！ ミネストローネ 🕐 5分

ラタトゥイユ ＋ サラダ用スパゲッティ・コンソメスープの素・粉チーズ

水とコンソメスープの素を加えて煮て、ゆでたスパゲッティを加えて粉チーズをふって。

混ぜるだけ！ 野菜リゾット 🕐 3分

ラタトゥイユ  ＋ ごはん・粉チーズ・コンソメスープの素

ごはん、粉チーズ、コンソメスープの素を混ぜ、ひたひたの水を加えて電子レンジで。

---

1 6つの定番作りおきおかず

② ラタトゥイユ

定番の作りおきおかず ③

ごはんだけでなく、麺にかけたり野菜とあえたり使えるおかず
キーマカレー

⏰ 20分 　冷蔵 3日 　冷凍 1か月

> 短時間でできちゃうかんたんカレー！

> 作りおきすると味がなじんでいっそうおいしい！

● 材料（4〜5人分）

合いびき肉	300g
玉ねぎ	1個
にんじん	½本
エリンギ	1パック
カレールウ	⅓箱
しょうが、にんにく	各1片分
サラダ油	大さじ½

A
- ウスターソース、しょうゆ　各大さじ1½
- オイスターソース　大さじ½
- 砂糖　小さじ1
- 水　100ml

あまったら冷凍！

にんにくは皮つきのまま保存袋に入れて。凍ったまま、おろしにんにくにできる。

●作り方

1. 玉ねぎ、にんじん、エリンギは粗みじん切りにし、カレールウも包丁で粗く刻む。しょうが、にんにくはみじん切りにする。

Point
カレールウを刻むのは、溶けやすくするための時短テク。

2. フライパンにサラダ油を熱し、中火で1のしょうがとにんにくを香りが立つまで炒め、1の玉ねぎ、にんじんを加えて、さらに炒める。

3. 合いびき肉を加えて、肉の色が変わったら、1のエリンギも加えてさらに炒める。

4. 1のカレールウと**A**を加え、5分ほど混ぜながら煮る。

Point
時短のため水分が少なめなので、よくかき混ぜながら煮る。

保存の名人アドバイス
保存袋に平らに入れ、菜箸で筋をつけて冷凍。適量だけ折って使える。

\作りおきで/ **ちょいかえ！**

キーマカレーを使って作る、副菜と主食のかんたんレシピ。

かけるだけ！ キーマジャージャー麺 ⏰5分

キーマカレー ＋ 中華麺・きゅうり・ごま油

ゆでて冷やした中華麺にキーマカレーをかけ、具を添えてごま油を回しかけて。

あえるだけ！ じゃがいものサブジ ⏰5分

キーマカレー ＋ じゃがいも・グリーンピース

角切りのじゃがいもを電子レンジで加熱し、キーマカレーとグリーンピースであえて。

焼くだけ！ 焼きカレー ⏰5分

キーマカレー ＋ ごはん・卵・ミックスチーズ

ごはんにキーマカレーをかけ、真ん中に卵を落とし、チーズをのせてトースターで焼いて。

1　6つの定番作りおきおかず　③キーマカレー

17

定番の作りおきおかず ④

袋ひとつで手間要らず！小さめに作るので保存向きのおかず
ジューシーハンバーグ

⏱ 20分 ｜ 冷蔵 2日 ｜ 冷凍 1か月

> ポリ袋でこねて成形するから手が汚れなくてラクチン！

> 定番の洋風おかずがよりジューシーに！

●材料（4〜5人分）

- 合いびき肉 …… 300g
- 玉ねぎ …… 1個
- A
  - サラダ油 …… 小さじ1
  - 砂糖 …… 小さじ½
  - 塩 …… ふたつまみ
- 小町麩 …… 15個
- 牛乳 …… 大さじ3
- 卵 …… 1個
- 粉ゼラチン …… 大さじ1
- サラダ油 …… 大さじ½
- 塩、こしょう …… 各少々
- B
  - ウスターソース、トマトケチャップ、酒 …… 各大さじ2

● 作り方

1. 玉ねぎはみじん切りにして耐熱ボウルに入れ、**A**を加えてさっと混ぜ、ボウルの側面に貼りつけるようにする。ラップをせずに電子レンジ（600W）で5分加熱し、冷ます。

2. 小町麩は手で細かく砕いて、牛乳にひたす。

Point
牛乳にひたした麩を混ぜると、肉汁が逃げずジューシー。

3. ポリ袋に合いびき肉を入れ、1、2、卵、粉ゼラチン、塩、こしょうを加えてよくこねる。

4. 3のポリ袋の先を大きめに切って、サラダ油を熱したフライパンに8等分に絞り出し、スプーンで軽く形を整えて中央をくぼませる。

Point
ポリ袋を使うと手が汚れず、成形は整えるくらいでOK。

5. 4にふたをして強火で1分半ほど焼き、裏返して中火でさらに6分ほど焼く。

6. ハンバーグが焼き上がったら取り出し、同じフライパンに**B**を加えて軽く煮つめ、ソースにする。

保存の名人アドバイス
ハンバーグは1つずつ、ソースは小分けにしてラップに包み保存袋で冷凍。 

＼作りおきで／
ちょいかえ！

ジューシーハンバーグを使って作る、メインと主食のかんたんレシピ。

はさむだけ！ バターロールハンバーガー ⏱3分

ジューシーハンバーグ ＋ バターロール ・ トマト ・ レタス

温めたハンバーグとソースをバターロールにはさんで。玉ねぎの薄切りなどを加えても。

煮るだけ！ 煮込みハンバーグ ⏱10分

ジューシーハンバーグ  ＋ デミグラスソース缶 ・ にんじん ・ ブロッコリー

ハンバーグをデミグラスソース缶で10分ほど煮たら、好みの温野菜を添えて。

焼くだけ！ 焼きメンチカツ ⏱10分

ジューシーハンバーグ ＋ マヨネーズ ・ パン粉

温めたハンバーグに、マヨネーズを塗ってパン粉をのせ、トースターでカリッと焼いて。

1　6つの定番作りおきおかず

④ ジューシーハンバーグ

定番の作りおきおかず ⑤

揚げたても、さめてもおいしいお弁当にも重宝するおかず

塩から揚げ

25分　冷蔵 3日　冷凍 1か月

あっさり塩味で
アレンジが広がる！

二度揚げすれば
外はカリッ、
中はジューシーに！

●材料（4〜5人分）

鶏もも肉……………2枚（500g）
A [
　おろししょうが……2片分
　酒………………大さじ6
　みりん……………大さじ4
　塩………………小さじ2
　こしょう…………少々
]
片栗粉………………適量
揚げ油………………適量

●作り方

1 鶏もも肉は皮目にフォークで数か所穴をあけ、ひと口大に切る。

2 ポリ袋に1とAを入れ、もみ込んで10分ほどおく。

3 ペーパータオルで2の鶏肉の余分な水分をふき取って片栗粉をつけ、粉を軽く落としてから、半量を170℃の油で2分ほど揚げる。

4 3の鶏肉を一度取り出し、5分ほどおく。その間にもう半量を2分揚げて取り出す。

Point
一度引き上げて余熱で中まで火を通すと、やわらかく仕上がる。

5 揚げ油を180℃に上げ、4を再び入れて1分ほど揚げて、油をよくきる。

Point
二度揚げで外側をカリッとさせ、肉汁をとじ込める。

保存の名人アドバイス

鶏肉に下味をつけて保存袋に入れて冷凍。冷蔵庫で自然解凍して、同様に揚げる。

作りおきで ちょいかえ！

塩から揚げを使って作る、メイン料理のかんたんレシピ。

あえるだけ！ ピリ辛鶏　⏲ 3分

塩から揚げ ＋
トマトケチャップ　豆板醤

電子レンジで温めた塩から揚げをケチャップと豆板醤であえ、好みの野菜と盛りつけて。

かけるだけ！ 揚げだしチキン　⏲ 5分

塩から揚げ ＋
大根おろし　めんつゆ

塩から揚げをトースターで温め、大根おろしとめんつゆをかけて。七味唐辛子も相性◎。

からめるだけ！ ひと口チキン南蛮　⏲ 5分

塩から揚げ ＋
ポン酢しょうゆ　タルタルソース

塩から揚げをトースターで温め、ポン酢しょうゆをからめてタルタルソースをのせて。

1　6つの定番作りおきおかず

⑤ 塩から揚げ

定番の作りおきおかず ⑥

定番の味つけで、卵焼きやスパゲッティに混ぜても合うおかず

ひじきの煮物

⏰ 30分 冷蔵 4日 冷凍 1か月

> いろいろ使える定番和風おかず！

> 栄養たっぷりでほっとする味。常備菜に最適！

●材料（4〜5人分）
- 芽ひじき（乾燥）……… 30g
- 大豆（水煮）……… 60g
- 油揚げ……… 1枚
- にんじん……… 1/2本
- さやいんげん……… 5本
- サラダ油……… 大さじ2
- だし汁……… 300ml
- A 酒、みりん、しょうゆ……… 各大さじ2
- 　 砂糖……… 大さじ1
- 塩……… 少々

あまったら冷凍！
大豆水煮は水けをきって保存袋に平らに入れ、空気を抜いて冷凍。凍ったまま加熱調理に。

●作り方

1. 芽ひじきはさっと洗い、たっぷりの水に10分ほどひたしてもどし、ザルにあげて水けをきる。

2. 油揚げは熱湯にくぐらせて油抜きをし、縦半分に切ってから1cm幅に切る。にんじんは3cm長さの棒状に切る。大豆は水けをきる。

3. 鍋にサラダ油を中火で熱し、2のにんじん、大豆、1の順に入れて炒め、しんなりしてきたら2の油揚げを加えてさっと混ぜ、だし汁を加える。

4. 煮立ったらAを加え、落としぶたをして15分ほど煮る。

Point
落としぶたをして煮ると、短時間で全体に味がしみる。

5. さやいんげんは斜め切りにし、塩をふってラップに包み電子レンジ（600W）で40秒加熱して冷ます。食べるときに適量を混ぜる。

保存の名人アドバイス
色を保つため、さやいんげんは別にし、ラップに包み保存。

\作りおきで/
ちょいかえ！

ひじきの煮物を使って作る、副菜と主食のかんたんレシピ。

あえるだけ！ マヨキャベひじき ⏱ 3分

ひじきの煮物 ＋ キャベツ・マヨネーズ・白いりごま

電子レンジで加熱したひじきの煮物とキャベツを、マヨネーズ、白いりごまであえて。

焼くだけ！ 具だくさん卵焼き ⏱ 5分

ひじきの煮物 ＋ 卵

溶き卵に汁けをきったひじきの煮物を混ぜ合わせ、普通の卵焼きのように焼いて。

あえるだけ！ 和風ひじきパスタ ⏱ 10分

ひじきの煮物 ＋ スパゲッティ・しょうゆ・ごま油

ゆでたスパゲッティとひじきの煮物を混ぜ、しょうゆとごま油で味つけをして。

---

1 6つの定番作りおきおかず

⑥ ひじきの煮物

作りおき便利MEMO

主食の冷凍保存

主食を冷凍しておくと、忙しい朝や疲れて帰った夜には大助かり。
作りおきおかずと組み合わせれば、あっという間に食卓が完成。

ごはん
炊きたてを温かいうちにラップで包む

冷凍　1か月

炊きたてをラップに包んで保存袋に入れ、冷まして冷凍庫へ。ひとつの分量はお茶碗1杯分をめやすにして。

解凍法　電子レンジで加熱

ラップのままお茶碗に入れて加熱。熱くなっても取り出しやすい。

冷凍が便利なごはんのおとも

ごはんが何杯でもすすんじゃう「ごはんのおとも」も冷凍ストック。ごはんにそのままのせて食べられます。

明太子
ひと口大に切ったらラップにふんわり包み、平たくして冷凍。

鮭フレーク
焼き鮭をほぐして1/4切れ分ずつラップに包み、平たくして冷凍。

しらす
大さじ1くらいずつラップに包み、平たくして冷凍。

パン
1枚ずつラップで包み保存袋へ

冷凍　1か月

ラップで1枚ずつ包み、保存袋に入れて冷凍。ラップと保存袋で二重にすると、冷凍庫内のにおいが移る心配なし。

解凍法　トースターで焼く

トーストにするなら凍ったまま焼いてOK。室温で自然解凍しても食べられる。

パスタ
ゆでたら油をまぶし冷まして冷凍

冷凍　1か月

パスタはまとめてゆで、1食分ずつ冷凍しておくと便利。ゆで上がったら油を少量まぶし、冷めてから保存袋に。

解凍法　電子レンジで加熱

容器に移しかえ、ラップをかけて電子レンジへ。冷蔵庫で自然解凍してもOK。

そばうどん
1食分をラップで平らに包む

冷凍　1か月

ゆでたら1食分ずつをラップで包み、平たくして保存袋に。ゆでめんの場合は、市販の袋のまま冷凍してもOK。

解凍法　そのままゆでる

凍ったままゆでる。冷たいメニューの場合、熱湯で軽くほぐして流水にさらす。

2

肉の
作りおきおかず

味つけ、調理法をかえて作りおくと、
さっと出せるのに大満足なおかずです

作りおき食材①

鶏もも肉

鶏肉は水分が多くいたみやすいので、鮮度のよいものを選びます。
鶏もも肉は皮と適度な脂身があるので、うまみが多い扱いやすい肉です。

作りおきに使う分量

2枚（500g）

作りおき調理のポイント

- 大きめに切って肉縮み防止
- 筋は切っておく
- 余分な脂は取り除く

鶏もも肉2枚で作れるレシピ

P26	鶏肉のゆずこしょうソテー
P27	鶏肉のめんつゆ煮
P27	鶏肉のエスニック焼き
P28	鶏肉の梅にんにく焼き
P29	バターチキンカレー

香ばしい鶏皮とゆずこしょうの相性がバツグン。

鶏肉のゆずこしょうソテー

⏱ 20分　冷蔵 3日　冷凍 1か月

●材料（4〜5人分）

鶏もも肉 ……… 2枚（500g）
A [ゆずこしょう …… 小さじ2
　　酒 ……………… 大さじ1
　　こしょう ……… 少々]
サラダ油 ………… 小さじ2

●作り方

1. 鶏もも肉は切り込みを入れて開いて厚みを均一にし、半分に切る。
2. ポリ袋にAと1を入れてもみ込み、10分ほどおく。
3. フライパンにサラダ油を熱し、2の汁けを軽くきり、皮目を下にして並べ入れる。
4. フライ返しで押さえながら皮目がパリっとするまで焼き、裏返して両面をこんがりと焼く。

調味料使い回し

ゆずこしょう　和風料理のアクセントに。
➡ P41 鶏手羽のゆずこうじ焼き
➡ P108 玉ねぎのゆずこしょう焼き

① 鶏もも肉

② 肉の作りおきおかず

> めんつゆで味つけかんたんメニュー。

鶏肉のめんつゆ煮

⏰ 20分 | 冷蔵 3日 | 冷凍 1か月

●材料（4〜5人分）
- 鶏もも肉……2枚（500g）
- 塩、こしょう……各少々
- れんこん……200g
- にんじん……½本
- さやいんげん……4本
- A
  - めんつゆ（3倍希釈タイプ）……90㎖
  - 水……300㎖
- ごま油……大さじ1

●作り方
1. 鶏もも肉はひと口大に切り、塩、こしょうをふる。
2. れんこん、にんじんは皮をむいて乱切りにする。さやいんげんは筋を取り、4等分の長さに切る。
3. フライパンにごま油を熱し、1を入れて焼き、Aと2のれんこん、にんじんを入れて、汁けが少なくなるまで煮つめる。
4. 3に2のさやいんげんを加えて、さっと煮る。

保存の名人アドバイス
汁とともに冷蔵保存すると、翌日にはさらに味がしみ込んでおいしさアップ。

> いつもとはちょっと違うアジア風チキン。

鶏肉のエスニック焼き

⏰ 15分 | 冷蔵 3日 | 冷凍 1か月

●材料（4〜5人分）
- 鶏もも肉……2枚（500g）
- A
  - ナンプラー、オイスターソース……各大さじ2
  - 砂糖……大さじ1
  - 塩……小さじ¼
  - おろしにんにく……小さじ½
  - こしょう……少々

●作り方
1. 鶏もも肉は切り込みを入れて開いて厚みを均一にし、4等分に切る。ポリ袋にAと入れてもみ込み、冷蔵庫で半日ほどおく。
2. オーブントースターのトレイにアルミホイルを敷き、サラダ油少々（分量外）を塗って1をのせてこんがりと焼く。

調味料使い回し　ナンプラー
独特の香りがアジア風の隠し味に。
➡ P35 ガパオそぼろ
➡ P65 牛肉のココナッツカレー

> 梅肉の味がさわやか。梅には殺菌効果があり、保存向きの一品。

鶏肉の梅にんにく焼き

⏱ 15分　冷蔵 3日　冷凍 1か月

● 材料（4～5人分）

鶏もも肉	2枚（500g）
塩、こしょう	各少々
梅干し	3個
A　みりん	大さじ3
しょうゆ、酒	各小さじ2
おろしにんにく	小さじ½
サラダ油	小さじ2

● 作り方

1 鶏もも肉はひと口大に切り、塩、こしょうをふる。

2 梅干しは種を取り除いて包丁でたたき、Aと混ぜ合わせる。

3 フライパンにサラダ油を熱し、1の皮目を下にして並べ入れ、焼き色がついたら裏返して両面を焼く。

4 3のフライパン上の余分な脂をペーパータオルでふき取り、2を加えて鶏肉に強火でからめる。

材料チェンジ
- 梅干し3個 ➡ すし酢大さじ2
- 青じそ（細切り）、白いりごま を仕上げにプラス

調味料使い回し
梅干し

さわやかな酸味のたれとして。
➡ P43 梅はちみつソース
➡ P102 キャベツの梅おかかあえ

濃厚な汁を鶏肉にしっとりからめることで、冷凍焼けの心配なし。

ちょいかえ！

バターチキンドリア
バターチキンカレーとごはんを混ぜ、ピザ用チーズをのせてトースターで焼く。

2 肉の作りおきおかず

① 鶏もも肉

バターチキンカレー

⏱ 45分　冷蔵 3日　冷凍 1か月

●材料（4〜5人分）
- 鶏もも肉 ……………… 2枚（500g）
- 玉ねぎ …………………………… ½個
- **A**
  - プレーンヨーグルト ……… 100g
  - カレー粉 …………………… 大さじ2
  - おろしにんにく ………… 小さじ2
  - 塩 …………………………… 小さじ½
- **B**
  - カットトマト缶 …… ½缶（200g）
  - 生クリーム ………………… 100㎖
  - バター ……………………… 35g
  - コンソメスープの素（顆粒）
    …………………………………… 大さじ1

●作り方
1. 鶏もも肉はひと口大に切る。玉ねぎはみじん切りにする。
2. ボウルに**A**を混ぜ合わせて、**1**を入れてもみ込み、冷蔵庫で20分ほどおく。
3. 鍋に**B**を入れて火にかけ、煮立ったら**2**を汁ごとすべて加えてふたをする。ときどき混ぜながら、中火で15分ほど煮込む。

あまったら冷凍！
砂糖を加えて泡立て、少量ずつラップに包み冷凍。そのまま紅茶やコーヒーに加えて。

調味料使い回し
コンソメスープの素
うまみの隠し味として幅広く使って。
➡P59 焼きソーセージ
➡P121 大豆のソースマリネ

作りおき食材②

鶏むね肉

やわらかい肉質で、脂肪が少なく淡泊な味わいです。
鶏もも肉より安価で、さまざまな料理に活用できる肉です。

作りおきに使う分量

2枚（400g）

作りおき調理のポイント

- 黄色い脂肪や余計な皮は取り除く
- 厚みを均一にしてさっと加熱

鶏むね肉2枚で作れるレシピ

P30	ふわふわチキンナゲット
P31	タンドリーチキン
P31	鶏肉のサルティンボッカ風
P32	鶏肉とかぼちゃのたれ焼き
P33	鶏肉のレンジロール

> マヨネーズ効果で、ふんわり仕上がる！

ふわふわチキンナゲット

⏱ 15分 ／ 冷蔵 3日 ／ 冷凍 1か月

●材料（4〜5人分）
- 鶏むね肉…2枚（400g）
- 揚げ油………………適量
- トマトケチャップ……適量

A
- 溶き卵………1個分
- 小麦粉………大さじ5
- マヨネーズ 大さじ1
- 酒、しょうゆ……各小さじ1
- 塩…………小さじ½

●作り方
1. 鶏むね肉は皮を取り除き、包丁で粗みじん切りにしてたたく。ボウルにAと入れてよく混ぜる。
2. 手にサラダ油少々（分量外）をつけて1をひと口大の小判形に丸め、170℃の揚げ油でカラッと揚げる。
3. 器に盛り、好みでトマトケチャップを添える。

材料チェンジ
- トマトケチャップ適量 ➡ マスタード適量
- 鶏むね肉2枚 ➡ 鶏もも肉2枚

② 鶏むね肉

タンドリーチキン

> 香ばしく焼いたチキンに、カレーの風味が絶妙。

⏱ 30分　冷蔵 3日　冷凍 1か月

● 材料（4~5人分）
鶏むね肉 ………… 2枚（400g）
A ┃ プレーンヨーグルト …… 100g
　┃ カレー粉、トマトケチャップ
　┃ ………… 各大さじ1½
　┃ おろしにんにく、塩、
　┃ コンソメスープの素（顆粒）
　┃ ………… 各小さじ½

● 作り方
1. ポリ袋にAを入れて混ぜ、ひと口大に切った鶏むね肉を加えてもみ込み、冷蔵庫で3時間ほどおく。
2. 1の漬けだれをペーパータオルで軽くふき取り、オーブンの天板に皮目を上にして並べ、200℃で20～25分焼く。

調味料使い回し　カレー粉
魚や肉の臭み消しとしても。
➡ P73 鮭のカレー竜田揚げ
➡ P89 ぶりのタンドリー風

鶏肉のサルティンボッカ風

> 生ハムとバジルの風味がきいた、お手軽イタリアン。

⏱ 15分　冷蔵 3日　冷凍 1か月

● 材料（4~5人分）
鶏むね肉 … 2枚（400g）　小麦粉 ……… 適量
塩 ………… 小さじ¼　　オリーブ油 … 大さじ1
バジル ……………… 8枚　A ┃ 白ワイン … 大さじ2
生ハム ……………… 8枚　　┃ バター ……… 15g

● 作り方
1. 鶏むね肉は皮を取り除いて浅く切り込みを入れ、包丁の背でたたいてのばし、半分に切る。
2. 1に塩をふり、バジル2枚をのせ、上に生ハム2枚をずらすようにして重ねる。残りも同様に作り、小麦粉を薄くまぶす。
3. フライパンにオリーブ油を熱し、生ハム側を下にして入れ、両面をカリッと焼き、Aを加えて、軽く煮つめる。

材料チェンジ
● **粗びき黒こしょう** を塩をふるときにプラス
● バジル8枚 ➡ **スライスチーズ4枚**

しっかりとした甘辛い味つけ。冷蔵保存にもぴったり！

ちょいかえ！

チキントースト
バターを塗ったパンにのせて、マヨネーズをかけてトースターへ。

鶏肉とかぼちゃのたれ焼き

⏰ 15分　冷蔵 3日　冷凍 1か月

●材料（3〜4人分）

鶏むね肉……………2枚（400g）
かぼちゃ………………………150g

A
- 焼き肉のたれ………大さじ3
- ごま油………………大さじ1½
- 豆板醤………………小さじ½
- おろしにんにく……小さじ½

●作り方

1. 鶏むね肉は2cm厚さのそぎ切りにする。かぼちゃは1cm厚さに切る。
2. ポリ袋にAを入れて混ぜ合わせ、1を加えて調味料をからめる。
3. オーブントースターのトレイに2を並べ、焼き色がついたら裏返して、7分ほど焼く。

調理の早ワザ

かぼちゃの切り方
かたいかぼちゃは電子レンジで1分半ほど加熱すると、切りやすくなる。

材料チェンジ

- 焼き肉のたれ大さじ3 ➡ **めんつゆ大さじ3**
- かぼちゃ150g ➡ **じゃがいも150g**

> 切り分けて冷凍すると、食べたい分量だけ解凍できてうれしい！

2 肉の作りおきおかず ② 鶏むね肉

鶏肉のレンジロール

⏰ 20分　冷蔵 3日　冷凍 1か月

●材料（4〜5人分）

鶏むね肉	2枚（400g）
塩、酒	各少々
グリーンアスパラガス	4本
にんじん	½本
プロセスチーズ	50g
昆布茶	小さじ2

●作り方

1. 鶏むね肉は切り込みを入れて開いて厚みを均一にし、塩、酒をふる。
2. グリーンアスパラガスは根元のかたい部分を切り落とし、はかまを包丁で削り取る。にんじん、プロセスチーズは5mm幅の棒状に切る。
3. ラップに1の鶏肉を広げ、昆布茶を小さじ1ずつふりかけ、2をそれぞれ半量ずつのせ、ラップごとぐるりと棒状に巻く。
4. 電子レンジ（600W）で5分加熱し、余熱で5分蒸らしてから、食べやすい大きさに切る。

保存の名人アドバイス
1cm幅に切り、少しずらして2個ずつ重ね、ラップに包んでから保存袋に入れて冷凍。

調味料使い回し　昆布茶
さっとふりかけるだけで昆布のうまみをプラスでき、料理の味に深みが出る。和風のあえ物、煮物に。

作りおき食材 ③

鶏ひき肉

牛、豚のひき肉と比べて、クセのない味です。
しっかりと味つけする料理や、つくねなどに活用するのがおすすめ。

作りおきに使う分量

300g

作りおき調理のポイント

- ひき肉はいたみやすいので、新鮮なうちに調理
- 汁けや油分を加えてパサつきを防止

鶏ひき肉300gで作れるレシピ

P34	鶏ひき肉のきつね煮
P35	れんこんお焼き
P35	ガパオそぼろ
P36	ねぎ塩つくね
P37	かば焼き鶏

> 具がたっぷりで
> あっさり味でも満足。

鶏ひき肉のきつね煮

20分　冷蔵2日　冷凍1か月

● 材料（4～5人分）
鶏ひき肉‥‥‥‥‥‥300g
油揚げ‥‥‥‥‥‥‥4枚
にんじん‥‥‥‥‥縦½本
さやいんげん‥‥‥‥8本
ひじき（乾燥）‥‥‥‥5g
A｜溶き卵‥‥‥‥1個分
　｜パン粉‥‥‥‥大さじ5
B｜白だし‥‥‥‥‥60㎖
　｜水‥‥‥‥‥‥300㎖

● 作り方
1 油揚げは油抜きをし、3辺を切って長方形に開く。
2 にんじんは7mm幅の長い棒状に切り、さやいんげんは筋を取り除く。
3 ひじきは水でもどして水けをきり、ボウルに鶏ひき肉、Aも入れて練り混ぜて4等分にし、1の開いた油揚げにそれぞれのせて広げる。
4 3に2を等分にのせてきっちりと巻き、巻き終わりをつま楊枝でとめる。
5 フライパンにBと4を入れてふたをし、ときどき転がしながら中火で12分ほど煮て、食べやすい大きさに切る。

③ 鶏ひき肉

れんこんお焼き

> れんこんは2通りの切り方で、もっちりシャキシャキ！

⏰ 20分　冷蔵 2日　冷凍 1か月

● 材料（4〜5人分）
- 鶏ひき肉 ……………… 300g
- れんこん ……………… 8cm
- しょうが ……………… 1片
- ごま油 ……………… 大さじ½
- A
  - 片栗粉 ……… 大さじ2
  - みそ ………… 大さじ1
  - みりん ……… 小さじ1
- 青じそ ……………… 8枚

● 作り方
1. れんこんは皮をむき、半分は粗く刻み、半分はすりおろす。しょうがはみじん切りにする。
2. ボウルに鶏ひき肉とAを入れ、粘りが出るまで混ぜ、1を加えて混ぜ合わせる。
3. 2を8等分にして小判形に成形し、青じそにのせて折ってはさむ。
4. フライパンにごま油を熱して3を並べ入れ、焼き色がついたら裏返し、ふたをして弱火で蒸し焼きにして中まで火を通す。

あまったら冷凍！
水けをふき取って1〜2枚ずつラップに包み、保存袋で冷凍。そのまま砕いて料理に。

ガパオそぼろ

> ごはんに合うエスニック常備菜。

ちょいかえ！
サラダうどん
うどんをゆでて器に入れ、めんつゆ、ガパオそぼろ、マヨネーズをかける。

⏰ 15分　冷蔵 2日　冷凍 1か月

● 材料（4〜5人分）
- 鶏ひき肉 ……………… 300g
- 玉ねぎ ……………… ½個
- 赤ピーマン ……………… 1個
- にんにく ……………… 1片
- サラダ油 ……………… 大さじ1
- 赤唐辛子（輪切り）……… 2本分
- A
  - オイスターソース … 大さじ2
  - ナンプラー、水 … 各大さじ1
  - 砂糖 ………… 大さじ½
- バジル ……………… 15枚

● 作り方
1. 玉ねぎ、赤ピーマンは1cm角に切る。にんにくはみじん切りにする。
2. フライパンにサラダ油と1のにんにく、赤唐辛子を入れて火にかけ、香りが立ったら、鶏ひき肉、1の玉ねぎを加えて炒める。
3. 2に1の赤ピーマンとAを加えて炒め合わせ、バジルをちぎって加え、火を止めてさっと混ぜる。

肉の作りおきおかず 2

> アレンジが広がるシンプルな味つけ。お弁当のおかずにも便利!

ちょいかえ!

照りつくね丼
長ねぎと一緒に甘辛く照り焼きにし、たれごとごはんにかけます。

ねぎ塩つくね

⏱ 20分　冷蔵 2日　冷凍 1か月

●材料（4~5人分）
- 鶏ひき肉 ………………… 300g
- 長ねぎ（緑の部分も使用）……… 1本
- にんにく ………………… ½片
- A
  - 鶏ガラスープの素（顆粒）、塩 ……… 各小さじ½
  - 白いりごま …………… 大さじ1
  - 溶き卵 ………………… 大さじ1
  - 片栗粉 ………………… 大さじ1
- ごま油 …………………… 小さじ2

●作り方
1. 長ねぎ、にんにくはみじん切りにする。
2. ボウルに鶏ひき肉、1、Aを入れて粘りが出るまでよく混ぜ、12等分にして小判形に成形する。
3. フライパンにごま油を熱し、2を入れて中火で焼き、焼き色がついたら裏返し、ふたをして弱火で蒸し焼きにして中まで火を通す。

材料チェンジ
- ●**練りわさび** を食べるときにつけて
- ●長ねぎ1本 ➡ **玉ねぎ1個**

> のりの風味と山椒の香りが
> ベストマッチ！ 甘辛い味つけで、
> ごはんもすすむ！

2 肉の作りおきおかず

③ 鶏ひき肉

かば焼き鶏

⏱ 20分　冷蔵 2日　冷凍 1か月

●材料（4〜5人分）
- 鶏ひき肉　　　　　300g
- A
  - 溶き卵　　　　　½個分
  - 酒　　　　　　　小さじ2
  - 塩　　　　　　　小さじ¼
- 焼きのり　　　　　1枚
- 片栗粉　　　　　　少々
- サラダ油　　　　　大さじ½
- B
  - しょうゆ、みりん、酒　各大さじ2
- 粉山椒　　　　　　適量

●作り方
1. 鶏ひき肉、Aをボウルに入れ、粘りが出るまでよく混ぜる。
2. 焼きのりを半分に切って片面に片栗粉をふり、それぞれ上に1の半量ずつをのせて広げる。
3. フライパンにサラダ油を熱し、のりを下にして2を入れて焼き、のりと肉がくっついたら裏返して中まで火を通す。
4. 3のフライパンにBを加えて味をからめる。切り分けて器に盛り、粉山椒をふる。

あまったら冷凍！
4等分に切り、ラップに包んで保存袋で冷凍。使うときは、袋のまま常温にする。

調味料使い回し　粉山椒
甘辛しょうゆだれにぴったり。
➡P49 豚肉とれんこんの山椒きんぴら
➡P77 かじきのくわ焼き山椒風味

作りおき食材④

鶏ささみ

脂肪が少なく、あっさりとした味。淡泊なうまみがあるので、どんな味つけの料理でも活用しやすい肉です。

作りおきに使う分量

6本（300g）

作りおき調理のポイント
- 筋は取り除いてやわらかく
- 厚みを均一にしてさっと加熱

鶏ささみ6本で作れるレシピ

P38	鶏ささみのチーズガーリックピカタ
P39	鶏ささみの梅じそロール巻き
P39	鶏ささみのマヨ七味焼き

衣をつけて焼くと、時間がたってもおいしさキープ。

鶏ささみのチーズガーリックピカタ

⏰ 15分　冷蔵 3日　冷凍 1か月

●材料（4〜5人分）

鶏ささみ……6本（300g）
塩……………小さじ¼
こしょう……少々
小麦粉………大さじ1½
サラダ油……少々

A [
　溶き卵………1個分
　粉チーズ……大さじ1½
　おろしにんにく……小さじ⅔
　パセリ（みじん切り）……小さじ1
]

●作り方

1. 鶏ささみは筋を取り除き、包丁の背でたたいて薄く広げ、塩、こしょうをふって半分の長さに切る。
2. 1に小麦粉をまぶし、混ぜ合わせたAをからめる。
3. フライパンにサラダ油を熱し、2を入れて焼き、焼き色がついたら裏返し、弱火で中まで火を通す。

調味料使い回し

粉チーズ
パッとひとふりでコクをプラス。
➡ P54 豚肉のパセリパン粉焼き
➡ P65 牛肉のミルフィーユカツ

④ 鶏ささみ / 肉の作りおきおかず 2

鶏ささみの梅じそロール巻き

梅肉、青じその風味には淡泊なささみがぴったり。

⏰ 15分　冷蔵 3日　冷凍 1か月

●材料（4〜5人分）
- 鶏ささみ……6本（300g）
- 塩……少々
- 梅干し……3個
- 青じそ……6枚
- 酒……大さじ1
- A
  - かつお節……1パック（3g）
  - みりん……小さじ1
  - しょうゆ……小さじ½

●作り方
1. 鶏ささみは筋を取り除き、包丁の背でたたいて薄く広げ、塩をふる。
2. 梅干しは種を取り除いて包丁でたたき、Aと混ぜ合わせて1にのせて塗り、上に青じそをのせて巻き、巻き終わりをつま楊枝でとめる。
3. 耐熱容器に2を入れて酒をふり、ラップをして電子レンジ（600W）で5分加熱し、冷めたら切る。

材料チェンジ
- しょうゆ小さじ½ ➡ **みそ小さじ1**
- 青じそ6枚 ➡ **焼きのり1枚**

鶏ささみのマヨ七味焼き

マヨネーズ効果で、時間がたってもしっとり。

⏰ 10分　冷蔵 3日　冷凍 1か月

●材料（4〜5人分）
- 鶏ささみ……6本（300g）
- 塩、酒……各少々
- A
  - マヨネーズ……大さじ4
  - 黒いりごま……小さじ2
  - しょうゆ……小さじ½
  - 七味唐辛子……小さじ½

●作り方
1. 鶏ささみは筋を取り除き、真ん中に切り込みを入れて開き、塩、酒をふる。
2. オーブントースターのトレイにアルミホイルを敷き、サラダ油少々（分量外）を塗り、1を並べる。
3. 2の鶏ささみの上に、混ぜ合わせたAを塗り広げ、焼き色がつくまで焼く。

材料チェンジ
- 七味唐辛子小さじ½ ➡ **カレー粉小さじ½**
- **万能ねぎ（みじん切り）** をAに混ぜて

作りおき食材 ⑤

鶏手羽先

ゼラチン質に富んでいて、じっくり加熱するとやわらかく濃厚な味に。脂肪分が多く、コクのあるだしが取れるのも特徴です。

作りおきに使う分量

10本（500g）

作りおき調理のポイント

- 持ち味のコクを生かす
- 切り込みを入れると火が通りやすい

鶏手羽先10本で作れるレシピ

P40　鶏手羽のママレード煮

P41　鶏手羽のゆずこうじ焼き

P41　鶏手羽の揚げポン漬け

> 酢でママレードが引き立ち、保存効果もアップ。

鶏手羽のママレード煮

⏲ 20分　冷蔵 3日　冷凍 1か月

●材料（4～5人分）

鶏手羽先……10本（500g）	A［ママレードジャム……100g
塩、こしょう……各少々	酒、水……各120㎖
玉ねぎ……1個	酢……80㎖
サラダ油……大さじ1	しょうゆ……大さじ3

●作り方

1. 鶏手羽先は骨に沿って切り込みを入れ、塩、こしょうをふる。玉ねぎは1cm幅に切る。
2. フライパンにサラダ油を熱し、1の鶏手羽先の皮目を下にして焼く。焼き色がついたら裏返し、1の玉ねぎ、Aを加えてふたをする。
3. 中火で10分ほど煮て、しょうゆを加え、ふたをしないで汁けが少なくなるまで煮つめる。

調味料使い回し

ママレードジャム

さわやかな甘みを足したいときに。
➡P53 ひと口チーズとんカツ
➡P74 鮭の幽庵焼き風

⑤ 鶏手羽先

鶏手羽のゆずこうじ焼き

塩こうじ効果で、しっとりジューシー。

⏱ 80分　冷蔵 3日　冷凍 1か月

●材料（4〜5人分）
鶏手羽先……10本（500g）
塩こうじ……………大さじ3
ゆずこしょう………小さじ½
白いりごま……………適量

●作り方
1 鶏手羽先は骨に沿って切り込みを入れる。
2 ポリ袋に1を入れ、塩こうじ、ゆずこしょうを加えてよくもみ、1時間ほどおく。
3 オーブントースターのトレイにアルミホイルを敷いて、サラダ油少々（分量外）を塗り、2を並べる。8〜10分ほど焼き、こんがりと焼き色がついたら、白いりごまをふる。

調味料使い回し　塩こうじ
食材のうまみを引き出す万能調味料。
➡ P67 牛肉の塩こうじ焼き
➡ P111 なすの塩こうじあえ

鶏手羽の揚げポン漬け

あっさりポン酢で箸がすすむ主菜。

⏱ 20分　冷蔵 3日　冷凍 1か月

●材料（4〜5人分）
鶏手羽先………10本（500g）
塩、こしょう………各少々
片栗粉……………大さじ1
玉ねぎ………………½個
ピーマン………………1個
A ｜ ポン酢しょうゆ………100㎖
　　 オリーブ油……大さじ3
　　 赤唐辛子（輪切り）……1本分
揚げ油…………………適量

●作り方
1 鶏手羽先は骨に沿って切り込みを入れ、塩、こしょうをふり、片栗粉をまぶす。
2 玉ねぎは薄切りに、ピーマンは細切りにしてバットに入れ、Aを加えて漬ける。
3 170℃の揚げ油で1をカラッと揚げ、熱いうちに2に加えて軽く混ぜ合わせる。

保存の名人アドバイス
冷凍するときは衣が漬け汁に溶けてしまわないように、手羽先と漬け汁は別々の保存袋に入れる。

作りおき便利MEMO

使える！
おかずのたれ・ソース

おかずのたれ

おかずの味が決まるたれさえあれば、手早く簡単に料理が完成します。

がっつり!!
レンジミートソース

冷蔵 2日　冷凍 1か月

●材料
- 合いびき肉　200g
- 玉ねぎ　½個
- にんじん　⅓本
- にんにく　1片
- A
  - 小麦粉　大さじ2
  - 塩　小さじ⅓
  - こしょう　少々
- B
  - カットトマト缶　1缶（400g）
  - トマトケチャップ　大さじ2
  - ウスターソース　大さじ1
  - コンソメスープの素（顆粒）　大さじ1
  - 砂糖　小さじ1

●作り方
1. 玉ねぎ、にんじん、にんにくはみじん切りにする。
2. 耐熱ボウルに合いびき肉と1、Aを入れてよく混ぜ、ボウルの形に沿ってスプーンで薄く広げる。
3. Bをよく混ぜ合わせて2の真ん中に注ぎ、ラップをかけずに電子レンジ（600W）で10分加熱する。
4. 電子レンジから取り出して、泡立て器でよく混ぜ合わせる。

作りおきでちょいかえ！

ミートソースドリア
耐熱容器にバターを塗り、ごはんを入れる。上からレンジミートソースをかけて粉チーズをふり、オーブントースターでこんがりと焼く。

洋風肉じゃが
食べやすい大きさに切ったじゃがいも、にんじんを電子レンジで加熱して、レンジミートソースを加えてあえる。

あっさり！
自家製なめたけ

冷蔵 4日　冷凍 1か月

●材料
- えのきだけ　大2袋（400g）
- 酒　大さじ4
- A
  - しょうゆ　大さじ3
  - みりん　大さじ2
  - 砂糖　小さじ1
- 酢　小さじ2

●作り方
1. えのきだけは根元を切り落とし、長さを4等分にしてほぐす。
2. フライパンに1を入れ、酒を回しかけて軽く混ぜ、ふたをして中火にかける。
3. しんなりしてきたら弱火にし、5分ほど蒸し煮して、Aを加えて混ぜる。
4. 再びふたをし、10分ほど煮たら、酢を加えて水分がなくなるまで煮つめる。

作りおきでちょいかえ！

和風なめたけスパゲッティ
ゆでたスパゲッティを、バターと自家製なめたけであえる。刻みのりや万能ねぎを散らしても。

厚揚げの揚げだし風
厚揚げを薄味のだし汁でさっと煮たら、自家製なめたけと大根おろしを上にたっぷりのせる。

主食にもおかずにも使える具がいっぱいのたれは、使い勝手がいい洋風と和風の2種類。味つけがバッチリ決まるソースは、ひとつ冷蔵保存しておくと忙しいときに大助かりです。

ソース

焼いた肉、魚にかけるだけで、一品になってしまう万能ソース！

和風　梅はちみつソース

冷蔵 1週間

●材料
梅干し……4個
はちみつ、酢、しょうゆ、レモン汁……各大さじ2
サラダ油……大さじ2

●作り方
梅干しは種を取り除いて包丁でたたき、残りの材料といっしょにボウルに入れ、混ぜ合わせる。

洋風　マスタードソース

冷蔵 1週間

●材料
らっきょう……大さじ2
マヨネーズ……大さじ3
粒マスタード……大さじ2
しょうゆ……小さじ2
砂糖……小さじ1

●作り方
らっきょうは粗みじん切りにし、残りの材料といっしょにボウルに入れて混ぜ合わせる。

中華風　ねぎ塩ソース

冷蔵 5日

●材料
長ねぎ……1本
にんにく……1片
ごま油……大さじ2½
レモン汁……大さじ2
白いりごま……大さじ1⅓
鶏ガラスープの素（顆粒）……小さじ2
塩……小さじ½

●作り方
長ねぎはみじん切りにし、にんにくはすりおろし、残りの材料といっしょにボウルに入れ、混ぜ合わせる。

韓国風　コチュジャンみそソース

冷蔵 1週間

●材料
コチュジャン、砂糖……各大さじ2
みそ……大さじ1½
しょうゆ……大さじ3
酒……大さじ½
白すりごま……大さじ1

●作り方
ボウルにすべての材料を順に加えながら、なめらかになるまで混ぜ合わせる。

作りおき食材 ⑥

豚バラ薄切り肉

脂分が多く、うまみとコク、特有の香りがあります。濃いめの味つけにするか、香味野菜で持ち味を引き立てる料理がおすすめ。

作りおきに使う分量

10枚（300g）

作りおき調理のポイント

- こんがり焼くか、酒と肉汁でしっとり仕上げる
- 調味料をしっかりからめる

豚バラ薄切り肉10枚で作れるレシピ

P44	アスパラの豚巻き
P45	豚肉のゆかりしそロール
P45	豚肉のにんにく塩煮
P46	豚肉とさつまいもの塩昆布蒸し
P47	豚肉と小松菜のコチュジャン炒め

照りよく仕上げた甘辛味。お弁当のおかずにも重宝。

アスパラの豚巻き

⏱ 15分 ／ 冷蔵 3日 ／ 冷凍 1か月

●材料（4～5人分）

- 豚バラ薄切り肉 …… 10枚（300g）
- 塩、こしょう …… 各少々
- グリーンアスパラガス …… 10本
- サラダ油 …… 小さじ½
- A
  - みりん、酒 …… 各大さじ2
  - しょうゆ …… 大さじ1
  - 豆板醤 …… 小さじ½

●作り方

1. 豚バラ薄切り肉は広げて、塩、こしょうをふる。
2. グリーンアスパラガスは根元のかたい部分を切り、はかまを取り除いて塩ゆでし、1本を3等分に切る。
3. 豚肉1枚に、2の切ったアスパラガスをそれぞれ3本ずつのせ、くるくると巻く。残りも同様に作る。
4. フライパンにサラダ油を熱し、3の巻き終わりを下にして、全体を焼き、Aを加えてからめる。

保存の名人アドバイス

加熱前の状態で1本ずつラップに包み、保存袋に入れて冷凍。解凍せず、冷凍のまま焼いてOK。

⑥ 豚バラ薄切り肉

豚肉のゆかりしそロール

しその香りがさわやかなかんたんステーキ風。

⏱ 15分 　冷蔵 3日 　冷凍 1か月

● 材料（4〜5人分）
- 豚バラ薄切り肉……10枚（300g）
- ゆかり……小さじ2
- 粗びき黒こしょう……少々
- 青じそ……10枚
- 小麦粉……適量
- ごま油……大さじ½

● 作り方
1. 豚バラ薄切り肉は広げて、ゆかり、粗びき黒こしょうを全体にふる。青じそは、縦半分に切る。
2. 豚肉1枚に、2の切った青じそをそれぞれ2枚ずつのせ、ゆるめにくるくると巻く。渦巻きの面を上にして手で押さえ、平らにする。残りも同様に作る。
3. 2に小麦粉を薄くまぶし、フライパンにごま油を熱して並べ入れ、軽く押さえながら両面をこんがりと焼く。

調味料使い回し ゆかり
さわやかな香りが加わり、味のアクセントに。こってり料理にも合う。
➡ P134 ゆかりじゃこ炒飯

豚肉のにんにく塩煮

いろいろな野菜を足しても◎。

ちょいかえ！ 塩肉豆腐
豆腐を加えて、さっと煮るだけ。長ねぎを加えてもおいしいです。

⏱ 15分 　冷蔵 4日 　冷凍 1か月

● 材料（4〜5人分）
- 豚バラ薄切り肉……10枚（300g）
- にんにく……2片
- ししとう……6本
- 粗びき黒こしょう……少々
- A
  - 水……150㎖
  - 酒……50㎖
  - 鶏ガラスープの素（顆粒）……小さじ1
  - 塩……小さじ⅔

● 作り方
1. 豚バラ薄切り肉は食べやすい大きさに切る。にんにくは薄切りにする。
2. 鍋にAを入れて煮立て、1を加えて煮る。豚肉の色が変わったら、ししとうを加える。
3. 汁けが少なくなるまで煮つめ、粗びき黒こしょうをふる。

調味料使い回し 鶏ガラスープの素
あえ物や炒め物にも重宝する。
➡ P36 ねぎ塩つくね
➡ P59 レンジポークボール

> 塩昆布と豚肉のうまみが
> さつまいもにしみ込む！

ちょいかえ！

豚肉とさつまいもコロッケ
塩昆布蒸しを刻み、マヨネーズを混ぜ、成形して衣をつけて揚げます。

豚肉とさつまいもの塩昆布蒸し

20分 ｜ 冷蔵 3日 ｜ 冷凍 1か月

● 材料（4～5人分）
- 豚バラ薄切り肉 …… 10枚（300g）
- さつまいも …………… 200g
- 塩昆布 ………………… 30g
- 酒 ……………………… 大さじ1½

● 作り方
1. 豚バラ薄切り肉は食べやすい大きさに切り、塩昆布と混ぜる。
2. さつまいもは洗って皮つきのまま1cm幅の半月切りにし、5分ほど水にさらしてから、ザルにとって水けをきる。
3. 耐熱容器に1の半量を敷き、上に2のさつまいも、1の残り半量をのせて、酒を回しかける。
4. 3にラップをして、電子レンジ（600W）で6～7分加熱する。

調味料使い回し

塩昆布
塩味と昆布のうまみがプラスされる調味料。味に深みが出る。
➡P137 アスパラの塩昆布焼きそば

> 小松菜は炒めても変色しにくく冷凍保存向き。

豚肉と小松菜のコチュジャン炒め

⏱ 15分　冷蔵 3日　冷凍 1か月

② 肉の作りおきおかず

⑥ 豚バラ薄切り肉

● 材料（4〜5人分）
- 豚バラ薄切り肉 …… 10枚（300g）
- 塩、こしょう …………… 各少々
- にんにく ………………… 1片
- 小松菜 …………………… 1束
- A
  - 酒、しょうゆ …… 各大さじ2
  - 砂糖、コチュジャン …… 各大さじ1½
  - 白すりごま ……… 大さじ1½
- ごま油 …………… 大さじ1½

● 作り方
1. 豚バラ薄切り肉は食べやすい大きさに切り、塩、こしょうをふる。にんにくは薄切りにする。
2. 小松菜はざく切りにする。
3. フライパンにごま油、1のにんにくを入れて火にかけ、香りが立ったら1の豚肉を加えて、炒める。
4. 肉の色が変わったら2を加えてさらに炒め、混ぜ合わせたAを加えて、炒め合わせる。

調味料使い回し
コチュジャン　ごま油と使えば韓国風の味わいに。
- ➡ P52 韓国風しょうが焼き
- ➡ P69 韓国風ひき肉焼き

材料チェンジ
- コチュジャン大さじ1½ ➡ 豆板醤大さじ1
- 赤唐辛子（輪切り）をゴマ油と同じタイミングで

作りおき食材 ⑦

豚こま切れ肉

比較的安価で、手軽に使える肉です。まとめて成形するとひき肉のような使い方もできて、ジューシーでやわらかい仕上がりに。

作りおきに使う分量

300g

作りおき調理のポイント

- 加熱前に酒をもみ込んでやわらかく仕上げる
- 味をしっかりとからめる

豚こま切れ肉300gで作れるレシピ

P48	豚こま逆さシューマイ	
P49	豚肉とれんこんの山椒きんぴら	
P49	豚肉のごま団子	
P50	豚肉としめじのすき煮	
P51	豚肉のカリカリポークビネガー	

> 皮で包まないお手軽シューマイ。味つきがうれしい！

豚こま逆さシューマイ

⏱ 15分 冷蔵 3日 冷凍 1か月

● 材料（4〜5人分）

豚こま切れ肉……300g
万能ねぎ……………1本
小麦粉…………大さじ1
シューマイの皮……12枚

A ┃ 酒、しょうゆ、ごま油
  ┃ …………各小さじ1
  ┃ 練り辛子…小さじ½
  ┃ 塩……………少々

● 作り方

1. ボウルに豚こま切れ肉とAを入れてよくもみ、小口切りにした万能ねぎ、小麦粉を加え、粉っぽさがなくなるまで混ぜて12等分にし、丸める。
2. シューマイの皮を水にさっとくぐらせ、2のたねに1枚ずつかぶせて形を整え、耐熱容器に並べる。
3. ぬらしたペーパータオルを耐熱容器に1枚のせ、ふんわりとラップをかけ、電子レンジ（600W）で6分加熱する。

保存の名人アドバイス

シューマイの皮をたねにつけた状態で、重ならないように保存袋に入れて冷凍。

⑦ 豚こま切れ肉

豚肉とれんこんの山椒きんぴら

甘辛味と山椒の香りがぴったり。

⏱15分 冷蔵3日 冷凍1か月

●材料（4〜5人分）
- 豚こま切れ肉……300g
- 酒……小さじ1
- 塩……少々
- れんこん……7cm
- にんじん……¼本
- ごま油……大さじ1
- A
  - めんつゆ（3倍希釈タイプ）……大さじ4
  - 白いりごま……大さじ1
  - 粉山椒……小さじ¼

●作り方
1. 豚こま切れ肉に酒、塩をふり、もみ込む。
2. れんこんは皮をむき、5mm幅のいちょう切りにし、酢水（分量外）にさらして水けをきる。にんじんも皮をむき、5mm幅のいちょう切りにする。
3. フライパンにごま油を熱して1を炒め、肉の色が変わってきたら2とAを加えて、炒め合わせる。

調味料使い回し めんつゆ
和風甘辛味がかんたんにキマる。
➡P27 鶏肉のめんつゆ煮
➡P97 ツナのキャベツ炒め

豚肉のごま団子

ごまとわさびの香りが絶妙。冷凍保存しやすい料理です。

⏱15分 冷蔵3日 冷凍1か月

●材料（4〜5人分）
- 豚こま切れ肉……300g
- 白いりごま、黒いりごま……各適量
- サラダ油……大さじ4
- A
  - 小麦粉……大さじ2
  - しょうゆ……大さじ1½
  - 酒……大さじ1
  - 練りわさび……小さじ1

●作り方
1. 豚こま切れ肉にAをもみ込み、5分ほどおく。
2. 1のたねを10等分にして小判形に成形し、5個は白いりごま、残りには黒いりごまをまぶす。
3. フライパンにサラダ油を熱し、2を入れて揚げ焼きにする。

調味料使い回し 練りわさび
さわやかな辛さが加わり、どんな料理も和の香りになる。
➡P127 アボカドやっこ

> ごはんにかけて丼にしてもおいしい！

豚肉としめじのすき煮

⏱ 15分 ／ 冷蔵 3日 ／ 冷凍 1か月

●材料（4〜5人分）
- 豚こま切れ肉 …… 300g
- しめじ …… 1パック
- 長ねぎ …… 1/2本
- しょうが …… 2片
- A
  - だし汁 …… 120mℓ
  - 酒、しょうゆ …… 各大さじ3 1/2
  - 砂糖、みりん …… 各大さじ2
- サラダ油 …… 大さじ1
- 七味唐辛子 …… 少々

●作り方
1. しめじは石づきを切り落としてほぐし、長ねぎは斜め切りにする。しょうがはせん切りにする。
2. フライパンにサラダ油を熱して豚こま切れ肉を炒め、肉の色が変わってきたら、1とAを加える。
3. 中火で8分ほど煮て、好みで七味唐辛子をふる。

保存の名人アドバイス
汁を上からたっぷりかけて冷蔵保存すると、保存してもしっとり感が続く。

材料チェンジ
- サラダ油大さじ1 → ごま油大さじ1
- しめじ1パック → えのきだけ1袋

> カリカリ衣の食感が楽しい！
> 作りおきで食べるなら
> トースターで焼いてどうぞ。

ちょいかえ！

カリカリポークサラダ
好みの野菜の上にのせれば、味つけいらずのサラダが完成！

2 肉の作りおきおかず

⑦ 豚こま切れ肉

豚肉の カリカリポークビネガー

⏱ 25分　冷蔵 3日　冷凍 1か月

●材料（4〜5人分）
- 豚こま切れ肉 …………………… 300g
- A ┌ イタリアンドレッシング …… 大さじ1
　　└ 塩 …………………………… 小さじ¼
- 片栗粉 …………………………… 適量
- 揚げ油 …………………………… 適量
- イタリアンドレッシング ………… 80mℓ

●作り方
1. 豚こま切れ肉に**A**をかけてよくもみ込み、15分ほどおく。
2. **1**を1枚ずつ広げて、片栗粉を薄くまぶし、170℃の揚げ油に広げたまま入れ、カリカリに揚げる。
3. バットにイタリアンドレッシングを入れ、**2**を熱いうちに加えてさっとあえる。

豚肉の下ごしらえ　調理の早ワザ
豚肉に片栗粉をまぶすときには、ポリ袋に入れて口を持って振るようにするとラクラク。手も汚れないのがうれしい。

材料チェンジ
- **粒マスタード** or **レモン汁** をあえるときにプラス
- **玉ねぎ（薄切り）** をあえるときにプラス

作りおき食材 ⑧

豚しょうが焼き用肉

ロースをやや厚めにスライスした豚肉です。
適度な脂肪で、肉質がやわらかく、炒め物から揚げ物まで幅広く使えます。

作りおきに使う分量

12枚（300g）

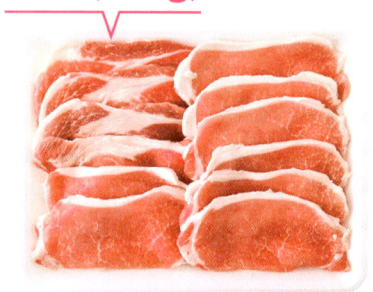

作りおき調理のポイント

- 火を通し過ぎずにやわらかく
- 筋切りをして肉が反るのを防止

豚しょうが焼き用肉12枚で作れるレシピ

- P52　韓国風しょうが焼き
- P53　豚肉のみそマヨグリル
- P53　ひと口チーズとんかつ

> コチュジャンとごまでササッと韓国風に！

韓国風しょうが焼き

⏱ 15分　冷蔵 3日　冷凍 1か月

●材料（4〜5人分）

豚しょうが焼き用肉 …… 12枚（300g）
塩、酒 …………… 各少々
玉ねぎ …………… ½個
しょうが ………… 1片

A｜ コチュジャン、酒 …… 各大さじ1½
　　白いりごま …… 大さじ1
　　しょうゆ、砂糖 …… 各小さじ1
　　おろししょうが …… 1片分
ごま油 …………… 大さじ1

●作り方

1　豚しょうが焼き用肉は筋切りをし、塩、酒をふる。
2　玉ねぎは1cm幅にし、しょうがはせん切りにする。
3　フライパンにごま油を熱し、1、2を入れて豚肉に火が通るまで焼いたら、フライパン上の余分な油をペーパータオルでふき取り、Aを加えてさっとからめる。

あまったら冷凍！

1片ずつラップに包み保存袋に入れる。冷凍のまま、おろししょうがにできる。

みそマヨのしっとり効果で、冷凍しても味が落ちにくい！

ママレードとチーズが絶妙！

ちょいかえ！
チーズカツサンド
カツをソースにくぐらせ、バターを塗ったパンにはさむ。レタスを入れても◎

2 肉の作りおきおかず

⑧ 豚しょうが焼き用肉

豚肉のみそマヨグリル

⏱ 20分　冷蔵 3日　冷凍 1か月

●材料（4～5人分）
豚しょうが焼き用肉…12枚（300g）
こしょう……………………………少々
A ┌ マヨネーズ………………大さじ3
　├ みそ………………………大さじ2
　└ 白すりごま………………大さじ1

●作り方
1 豚しょうが焼き用肉は筋切りをし、こしょうをふる。
2 Aを混ぜ合わせて、1の片面にそれぞれまんべんなく塗る。
3 オーブンの天板にオーブンシートを敷いて2を並べ、200℃で12分ほど焼く。

保存の名人アドバイス 
焼いた肉を2～3枚ずつ少しずらして重ね、ラップでぴっちり包み、保存袋に入れて冷凍。

ひと口チーズとんカツ

⏱ 25分　冷蔵 3日　冷凍 1か月

●材料（4～5人分）
豚しょうが焼き用肉…12枚（300g）
塩、こしょう………………………各適量
ママレードジャム………………大さじ2
ミックスチーズ……………………150g
小麦粉、溶き卵、パン粉……各適量
揚げ油………………………………適量

●作り方
1 豚しょうが焼き用肉は広げて塩、こしょうをふり、ママレードジャムを小さじ½ずつ塗り広げる。
2 1の真ん中にミックスチーズを等分にのせて三つ折りにし、チーズがはみださないように端を押さえながら、形を整える。
3 小麦粉、溶き卵、パン粉を順につけ、170℃の揚げ油でカラッと揚げる。

材料チェンジ
● **粒マスタード** を食べるときにつけて
● 豚しょうが焼き用肉12枚 ➡ **鶏ささみ6本**

作りおき食材 ⑨

豚ロース とんカツ用肉

きめが細かくやわらかい肉質で、揚げ物にするとジューシー。
外側に適度に脂肪がついていて、コクのあるうまみが多い肉です。

作りおきに使う分量

4枚（400g）

作りおき調理のポイント

- 筋切りをして焼き縮みを防止。冷めても食べやすい
- 包丁でたたいてやわらかく

豚ロースとんカツ用肉4枚で作れるレシピ

P54	豚肉のパセリパン粉焼き
P55	すし酢酢豚
P55	中華風ポークソテー

さっくり衣でボリュームアップ。

豚肉のパセリパン粉焼き

⏲ 40分　冷蔵 3日　冷凍 1か月

● 材料（4〜5人分）

豚ロースとんカツ用肉……4枚（400g）
A ┌ 粒マスタード……………… 大さじ4
　│ オリーブ油………………… 大さじ2
　└ 塩…………………………… 小さじ¼
B ┌ パン粉……………………… 60g
　│ 粉チーズ…………………… 大さじ4
　└ パセリ（みじん切り）…… 大さじ1½
サラダ油……………………… 大さじ1½

● 作り方

1 豚ロースとんカツ用肉は筋切りをして包丁の背でたたき、混ぜ合わせたAをからめて30分ほどおく。
2 Bを混ぜてバットに広げ、1の両面につける。
3 フライパンにサラダ油を熱して2の両面を焼く。

調理の早ワザ　パセリのみじん切り

パセリのみじん切りは、マグカップの中にパセリを入れてキッチンばさみで切ると、飛び散らずにお手軽。

⑨ 豚ロースとんカツ用肉

すし酢酢豚

> すし酢を使えば、酢豚風の味つけも手早くかんたん！

⏱ 15分　冷蔵 3日　冷凍 1か月

●材料（4～5人分）
- 豚ロースとんカツ用肉……4枚（400g）
- 塩……小さじ¼
- 玉ねぎ……½個
- ピーマン……2個
- 赤パプリカ……½個
- サラダ油……大さじ2
- A [すし酢……大さじ4 / トマトケチャップ……大さじ2]

●作り方
1. 豚ロースとんカツ用肉は1cm幅に切り、塩をふって片栗粉適量（分量外）をまぶす。
2. 玉ねぎ、ピーマン、赤パプリカは乱切りにする。
3. フライパンにサラダ油を熱して、1をカラッとするまで焼き、火が通ったら2を加えて炒める。
4. フライパン上の余分な油をペーパータオルでふき取り、合わせたAを加えて、からめながら炒める。

調味料使い回し　すし酢
酸味と甘みがほどよいバランスで、味つけがかんたんにキマる。
➡P105 焼きねぎマリネ

中華風ポークソテー

> しっかり味なので、お弁当にも重宝。

⏱ 15分　冷蔵 3日　冷凍 1か月

●材料（4～5人分）
- 豚ロースとんカツ用肉……4枚（400g）
- 塩、こしょう……各少々
- サラダ油……大さじ1
- A [オイスターソース、酒……各大さじ2 / しょうゆ、砂糖……各大さじ1 / おろししょうが……小さじ⅔]

●作り方
1. 豚ロースとんカツ用肉は筋切りをし、塩、こしょうをふって小麦粉適量（分量外）をまぶす。
2. フライパンにサラダ油を熱して、1の両面を色よく焼きながら、フライパン上の余分な油をペーパータオルでふき取る。
3. Aを加えて煮からめる。

調味料使い回し　オイスターソース
コクと豊かなうまみで隠し味に。
➡P27 鶏肉のエスニック焼き
➡P35 ガパオそぼろ

作りおき食材⑩

豚バラかたまり肉

赤身と脂肪が3層になっていて、「三枚肉」とも呼ばれています。時間をかけて煮込むと、脂肪が溶けてトロリとやわらかい仕上がりに。

作りおきに使う分量

300g

作りおき調理のポイント

- じっくり煮込んでやわらかく
- 脂肪のコクを引き立てる濃いめの味つけで保存性もアップ

豚バラかたまり肉300gで
作れるレシピ

- P56　和風チャーシュー
- P57　サムギョプサル風豚キャベツ
- P57　豚肉と豆のトマト煮

> さまざまな料理にアレンジもできて便利。

和風チャーシュー

⏰ 40分 ／ 冷蔵 3日 ／ 冷凍 1か月

● 材料（4～5人分）

豚バラかたまり肉	300g
A　しょうゆ、砂糖	各大さじ3
みりん、酒	各大さじ2
ごま油	大さじ1
和風だしの素（顆粒）	小さじ1/3
しょうが（薄切り）	1片分

● 作り方

1. 豚バラかたまり肉はフォークで数か所刺して、4等分に切る。ポリ袋にAを入れて合わせ、豚肉を加えてもみ込み、冷蔵庫で一晩おく。
2. 1の漬け汁はポリ袋に残し、豚肉は脂身を上にしてオーブンの天板にのせ、170℃で15分、裏返して5分焼く。鍋に残した漬け汁と焼いた豚肉を入れ、弱火で煮つめ、冷ましてから切り分ける。

保存の名人アドバイス

薄く切ってたれを塗り、2～3枚ずつをラップで包み、保存袋に入れて冷凍。

⑩ 豚バラかたまり肉

サムギョプサル風豚キャベツ

> 脂のうまみでキャベツにおいしさをプラス！

⏱ 25分　冷蔵 3日　冷凍 1か月

●材料（4〜5人分）
- 豚バラかたまり肉　300g
- キャベツ　½個
- ごま油　少々
- 塩　小さじ⅔
- 酒　大さじ1
- 粗びき黒こしょう　少々

●作り方
1. 豚バラかたまり肉は5mmほどの厚さに切る。キャベツは大きめのざく切りにする。
2. 鍋にごま油を薄くひき、1の豚肉を入れて弱めの中火にかけ、じっくり両面をこんがりと焼く。
3. 2の鍋に1のキャベツを加え、塩、酒をふり、ふたをして弱火で15分ほど蒸し煮にし、粗びき黒こしょうをふる。

材料チェンジ
- 塩小さじ⅔ ➡ ゆずこしょう小さじ1
- キャベツ½個 ➡ もやし1袋

豚肉と豆のトマト煮

> 酸味がさわやかなトマト煮に豚肉でコクアップ！

⏱ 30分　冷蔵 3日　冷凍 1か月

●材料（4〜5人分）
- 豚バラかたまり肉　300g
- ミックスビーンズ（水煮）　200g
- 玉ねぎ　½個
- オリーブ油　大さじ½
- パセリ（みじん切り）　少々
- A:
  - カットトマト缶　1缶
  - 水　200㎖
  - コンソメスープの素（顆粒）　大さじ1
  - 塩　小さじ⅔
  - 砂糖　小さじ½

●作り方
1. 豚バラかたまり肉は2cm角に切る。玉ねぎは1cm角に切る。
2. 鍋にオリーブ油を熱し、1の豚肉を入れて焼き、焼き色がついたら1の玉ねぎを加えて炒める。
3. 2にミックスビーンズとAを加え、煮立ったらアクを取りながら、弱火でさらに20分ほど煮て、パセリを散らす。

調味料使い回し
カットトマト缶　肉、白身魚との相性は抜群。
➡ P14 ラタトゥイユ
➡ P78 かじきのトマト煮

作りおき食材⑪

豚ひき肉

さまざまな部位が混ざった豚ひき肉は、料理に豊かなコクをプラスします。練って成形する料理は解凍もしやすく、冷凍保存に最適です。

作りおきに使う分量

300g

作りおき調理のポイント

- いたみやすいので新鮮なうちに調理して
- よく練って、ジューシーでぷりっとした弾力を出す

豚ひき肉300gで作れるレシピ

P58　ジャージャーなす

P59　焼きソーセージ

P59　レンジポークボール

焼き肉のたれを使って味つけかんたん！

ジャージャーなす

15分　冷蔵 2日　冷凍 1か月

●材料（4〜5人分）

豚ひき肉……………300g
なす…………………3本
長ねぎ………………½本
しょうが……………1片
ごま油………………大さじ1
赤唐辛子（輪切り）…………1本分
A [焼き肉のたれ………100㎖
　　片栗粉………大さじ1]

●作り方

1. なすはピーラーで縞目に皮をむき、乱切りにする。
2. 長ねぎ、しょうがはみじん切りにする。
3. フライパンにごま油、2と赤唐辛子を入れて火にかけ、香りが出たら豚ひき肉を加えて炒める。
4. 3に1を加えてふたをして蒸し煮にし、なすがしんなりしたら、混ぜ合わせたAを加え、からめながら炒める。

調味料使い回し　焼き肉のたれ

コレだけで味つけOKのスグレもの。
➡P32 鶏肉とかぼちゃのたれ焼き
➡P135 肉なし焼き肉おにぎり

> よく混ぜて肉の粘着力を出せば、成形はかんたん！

> 野菜をたっぷり入れて、食感が楽しい肉団子。

2 肉の作りおきおかず ── ⑪ 豚ひき肉

焼きソーセージ

⏱ 20分 / 冷蔵 2日 / 冷凍 1か月

●材料（4〜5人分）
- 豚ひき肉 …… 300g
- バジル …… 10枚
- オリーブ油 …… 小さじ2
- トマトケチャップ、マスタード …… 各適量
- A
  - 溶き卵 …… 大さじ2
  - コンソメスープの素（顆粒）…… 小さじ2
  - 塩 …… 小さじ1
  - 粗びき黒こしょう …… 少々

●作り方
1. バジルは粗みじん切りにする。
2. ボウルに豚ひき肉、A、1を入れてよく混ぜ合わせて8等分にし、手にオリーブ油少々（分量外）を塗って空気を抜きながら、ソーセージ形に成形する。
3. フライパンにオリーブ油を熱して2を転がしながら中火で焼く。好みでトマトケチャップ、マスタードを添える。

保存の名人アドバイス
成形しながら1本ずつラップで包み、保存袋に入れて冷凍。冷蔵庫で半解凍してから、加熱調理を。

レンジポークボール

⏱ 15分 / 冷蔵 2日 / 冷凍 1か月

●材料（4〜5人分）
- 豚ひき肉 …… 300g
- 鶏ガラスープの素 …… 大さじ1½
- お湯 …… 大さじ3
- 酒 …… 大さじ1½
- こしょう …… 少々
- 枝豆（冷凍・むき）…… 100g
- スイートコーン缶 …… 100g

●作り方
1. ボウルに豚ひき肉、お湯で溶いた鶏ガラスープの素、酒、こしょうを入れて混ぜ合わせ、よく練る。
2. 1に枝豆、スイートコーンを加えて混ぜ、ひと口大に丸めて、オーブンシートを敷いた耐熱容器に並べる。
3. 2の耐熱容器にラップをし、電子レンジ（600W）で6分ほど加熱し、そのまま蒸らす。

保存の名人アドバイス
でき上がったものを冷ましてから、保存袋に入れて冷凍。電子レンジで温めれば1個から使えて便利。

作りおき食材⑫ 牛こま切れ肉

いろいろな部位が混ざっていて形もふぞろいなので、比較的安価です。でも牛肉の濃厚なうまみは変わらず、お得な肉です。

作りおきに使う分量
300g

作りおき調理のポイント
- 加熱し過ぎるとかたくなるため、火の通り過ぎには要注意
- 濃いめの味つけで保存性アップ

牛こま切れ肉300gで作れるレシピ
- P60　牛肉のしょうが煮
- P61　牛肉とパプリカのマリネ
- P61　牛肉のケチャップ炒め
- P62　牛肉と根菜のみそ煮
- P63　牛肉ときのこのバルサミコ炒め

> しょうがをきかせたこっくり味で、牛肉のうまみを凝縮。

牛肉のしょうが煮

⏱ 15分 ／ 冷蔵 3日 ／ 冷凍 1か月

●材料（4〜5人分）
- 牛こま切れ肉 …… 300g
- しょうが …… 2片
- 酒 …… 100㎖
- サラダ油 …… 少々
- A［みりん、しょうゆ …… 各大さじ2　はちみつ …… 大さじ1］

●作り方
1. 牛こま切れ肉は食べやすい大きさに切り、しょうがは細切りにする。
2. フライパンにサラダ油を薄くひき、1の牛肉を入れて火にかけ、肉の色が変わったら、1のしょうが、酒を加えて、アクを取りながら煮る。
3. 2の水分が少なくなったら、Aを加えて煮からめる。

材料チェンジ
- はちみつ大さじ1 ➡ コチュジャン大さじ1
- しらたき を煮るときにプラス

> ボリュームある牛肉も
> マリネであっさり食べやすく。

> 子どもも大好き
> トマトケチャップ味！

2 肉の作りおきおかず

⑫ 牛こま切れ肉

牛肉とパプリカのマリネ

⏰ 15分　冷蔵 3日　冷凍 1か月

●材料（4～5人分）
牛こま切れ肉 …………… 300g
塩、こしょう ………… 各少々
赤パプリカ、黄パプリカ … 各½個
オリーブ油、赤ワイン … 各大さじ1
A ┌ 酢、しょうゆ ……… 各大さじ3
　│ 砂糖 ………………… 小さじ2
　└ 赤唐辛子（輪切り）… 1本分

●作り方
1 牛こま切れ肉は食べやすい大きさに切り、塩、こしょうをふる。パプリカは乱切りにする。
2 フライパンにオリーブ油を熱し、牛肉を炒め、パプリカ、赤ワインを加えて、さらに炒める。
3 バットにAを合わせ、2が熱いうちに漬ける。

材料チェンジ
● 酢大さじ3 ➡ バルサミコ酢大さじ3
● 玉ねぎ（薄切り）を炒めるときにプラス

牛肉のケチャップ炒め

⏰ 15分　冷蔵 3日　冷凍 1か月

●材料（4～5人分）
牛こま切れ肉 …………… 300g
塩、こしょう ………… 各少々
片栗粉 ……………… 大さじ1⅓
玉ねぎ ………………… ½個
グリーンピース（冷凍）
　　　　　 ………… 大さじ3
サラダ油 …………… 大さじ1
A ┌ トマトケチャップ
　│ 　　　　　 ……… 大さじ5
　└ ウスターソース
　　　　　 ………… 大さじ1

●作り方
1 牛こま切れ肉は食べやすい大きさに切り、塩、こしょう、片栗粉をまぶしてもみ込む。
2 玉ねぎはくし形切りに、グリーンピースは解凍する。
3 フライパンにサラダ油を熱し、1を広げながら入れて炒め、2を加え、玉ねぎがしんなりしてきたら、Aを加えて炒め合わせる。

調味料使い回し
トマトケチャップ
甘さと酸味が肉料理の味つけに◎。
➡ P31 タンドリーチキン
➡ P42 レンジミートソース

> みそを使った甘辛味。時間をおくと牛肉のうまみが根菜によくしみ込む。

ちょいかえ！

和風根菜カレー
適量の水にカレールウを煮溶かし、牛肉と根菜のみそ煮を加えるだけ。

牛肉と根菜のみそ煮

⏱ 15分 ｜ 冷蔵 3日 ｜ 冷凍 1か月

●材料（4～5人分）
- 牛こま切れ肉 …………… 300g
- れんこん …………………… 150g
- にんじん、ごぼう ……… 各½本
- A
  - みりん ………………… 大さじ3
  - みそ、酒 ……………… 各大さじ2
  - 砂糖 …………………… 小さじ1
  - だし汁 ………………… 300㎖
  - 白すりごま …………… 大さじ1
- サラダ油 ………………… 小さじ2

●作り方
1. 牛こま切れ肉は食べやすい大きさに切る。れんこん、にんじん、ごぼうは乱切りにする。
2. 鍋にサラダ油を熱し、1の牛肉を入れて炒め、肉の色が変わったら1の野菜とAを加える。
3. 2を中火で水分を飛ばすように混ぜながら、汁けが少なくなるまで煮つめる。

保存の名人アドバイス
冷凍すると食感が変わるれんこんは取り除き、小分けにしてラップに包み、保存袋に入れて冷凍。

材料チェンジ
- **七味唐辛子** を仕上げにプラス
- れんこん150g ➡ **大根100g**

> 甘辛しょうゆ味で仕上げた牛肉としめじの相性はバツグン。

2 肉の作りおきおかず

⑫ 牛こま切れ肉

牛肉ときのこのバルサミコ炒め

⏱ 15分　冷蔵 3日　冷凍 1か月

●材料（4〜5人分）
- 牛こま切れ肉……300g
- 塩、こしょう……各少々
- にんにく……1片
- しめじ……1パック
- ピーマン……2個
- バター……20g

A
- バルサミコ酢……大さじ3
- しょうゆ……大さじ2
- はちみつ……小さじ1

●作り方
1. 牛こま切れ肉は食べやすい大きさに切り、塩、こしょうをふる。にんにくはみじん切りにする。
2. しめじは石づきを切り落としてほぐし、ピーマンは縦1cm幅に切る。
3. フライパンにバターを溶かし、1を入れて炒める。肉の色が変わったら、2を加えてさっと炒め、Aを加えて炒め合わせる。

調味料使い回し

バルサミコ酢　独特の豊かな香りとおだやかな酸味が魅力。肉料理やきのこ料理に加えると、ワンランク上の上品な味に。

材料チェンジ

- バター20g ➡ **オリーブ油大さじ1**
- ピーマン2個 ➡ **セロリ150g**

作りおき食材 ⑬

牛薄切り肉

巻いたりはさんだりと、料理のアレンジが広がる薄切り肉。
火が通りやすくやわらかいので、さまざまな料理に活用できます。

作りおきに使う分量

10枚(300g)

作りおき調理のポイント

- 煮るときにアクはこまめに取る
- カラッと揚げるか、汁でしっとり仕上げて

牛薄切り肉300gで作れるレシピ

P64	牛肉の野菜巻き
P65	牛肉のココナッツカレー
P65	牛肉のミルフィーユカツ

彩り鮮やかな野菜をたっぷり加えてボリュームアップ。

牛肉の野菜巻き

⏱ 15分　冷蔵 3日　冷凍 1か月

●材料（4〜5人分）

牛薄切り肉‥‥10枚(300g)
塩、小麦粉‥‥‥‥各適量
ごぼう‥‥‥‥‥‥30cm
にんじん‥‥‥‥‥½本
さやいんげん‥‥‥4本
サラダ油‥‥‥‥‥大さじ½

A［みりん、しょうゆ、酒‥‥‥各大さじ3
　砂糖‥‥‥‥大さじ½］

●作り方

1. ごぼうは皮をこそげて15cm長さ、縦4つ割りに切る。にんじんは5mm角の棒状に切り、さやいんげんは筋を取り除く。野菜はすべて下ゆでする。

2. 牛薄切り肉5枚は端を少しずつ重ねて15cm幅に広げ、塩、小麦粉をふり、1の半量を手前にのせてくるくる巻く。同様にもう1本作る。

3. フライパンにサラダ油を熱し、2を巻き終わりを下にして入れ、転がしながら焼き色をつけ、ふたをして弱火で火を通す。Aを加えて強火で煮からめ、食べやすい大きさに切る。

⑬ 牛薄切り肉

牛肉のココナッツカレー

> クリーミーな
> ココナッツミルクを使った
> オリエンタルカレー。

⏱ 20分　冷蔵 3日　冷凍 1か月

● 材料（4~5人分）
牛薄切り肉……10枚(300g)
にんにく、しょうが……各1片
たけのこ（水煮）……80g
赤パプリカ……½個
サラダ油……大さじ1
ココナッツミルク
　　……1缶（400g）

A｜カレー粉、ナンプラー
　｜　……各大さじ1½
　｜砂糖……大さじ½
　｜こしょう……少々

● 作り方
1　牛薄切り肉はひと口大に切る。にんにく、しょうがはみじん切りにする。たけのこは細切り、赤パプリカは縦半分に切って細切りにする。

2　フライパンにサラダ油と1のにんにく、しょうがを入れて熱し、1の牛肉を入れて炒め、1のたけのこを加えて、さらに炒める。

3　2にAを加えてさっと炒め、ココナッツミルク、1の赤パプリカを加えて、中火で10分ほど煮る。

牛肉のミルフィーユカツ

> コクのある
> チーズ衣が
> ポイント！

⏱ 20分　冷蔵 3日　冷凍 1か月

● 材料（4~5人分）
牛薄切り肉……10枚(300g)
塩、こしょう……各少々
粒マスタード……大さじ3
小麦粉、溶き卵……各適量

A｜パン粉……40g
　｜粉チーズ……大さじ3
揚げ油……適量
ウスターソース……適量

● 作り方
1　牛薄切り肉は端を少しずつ重ねて広げ、塩、こしょうをふって、粒マスタードを塗り広げる。

2　1をまとめて上から⅓の長さで手前に折り、さらに下からも⅓の長さで折りたたんで3つ折りにし、4等分に切る。

3　2の形を整えて、小麦粉、溶き卵、混ぜ合わせたAの順に衣をつけ、170℃の揚げ油でカラッと揚げる。好みでウスターソースをかける。

保存の名人アドバイス
衣をつけたらラップに包み、保存袋に入れて冷凍。調理の際は、凍ったまま揚げてOK。

作りおき食材⑭

牛カレー用肉

きめが粗い赤身肉がよく使われます。肉質がかためですが、しっかり煮込むとうまみのあるだしが出て、やわらかく仕上がります。

作りおきに使う分量

300g

作りおき調理のポイント

- 煮るときにはアクをこまめに取る
- しっかり煮込むなど肉をやわらかくする調理を

牛カレー用肉300gで作れるレシピ

P66　ポトフ

P67　牛肉の塩こうじ焼き

P67　牛肉のデミグラスソース煮

具材のうまみがたっぷりのスープ。

ちょいかえ！
クリームシチュー
ポトフのだしを生かし、クリームシチューのルウを加えて煮溶かすだけ。

ポトフ

⏱ 55分　冷蔵 3日　冷凍 1か月

●材料（4～5人分）

牛カレー用肉……300g
塩……………小さじ⅓
粗びき黒こしょう……少々
玉ねぎ……………½個
キャベツ…………¼個
にんじん……………1本

A｜ 水……………700㎖
　｜ 白ワイン……100㎖
　｜ コンソメスープの素
　｜　（顆粒）…大さじ2
　｜ ローリエ………1枚

●作り方

1　牛カレー用肉は塩、粗びき黒こしょうをふる。

2　玉ねぎはくし形切りにし、キャベツは4等分のざく切りにし、にんじんは乱切りにする。

3　鍋に1、2、Aを入れて火にかけ、煮立ったら弱火にしてアクを取りながら、40分ほど煮込む。

保存の名人アドバイス
たっぷりの汁ごと保存袋に入れ、空気を抜いて冷凍。レンジで半解凍してから鍋で加熱を。

⑭ 牛カレー用肉

牛肉の塩こうじ焼き

塩こうじ効果で牛肉がやわらかしっとり。

⏱ 15分　冷蔵 3日　冷凍 1か月

●材料（4~5人分）
牛カレー用肉	300g
グリーンアスパラガス	4本
塩こうじ	大さじ2
はちみつ	大さじ½
サラダ油	大さじ1

●作り方
1. 牛カレー用肉は厚さを半分に切って、フォークで数か所刺す。グリーンアスパラガスは根元のかたい部分を切り落とし、はかまを取り除いて長さ3cmの斜め切りにする。
2. ポリ袋に1、塩こうじ、はちみつを入れ、冷蔵庫で一晩おく。
3. フライパンにサラダ油を熱し、2を汁ごと入れて両面を焼き、中まで火を通す。

調味料使い回し　はちみつ
砂糖の代わりに使うと上品な甘さに。
➡ P43 梅はちみつソース
➡ P60 牛肉のしょうが煮

牛肉のデミグラスソース煮

コトコト煮込んで本格レストランの味に。

⏱ 75分　冷蔵 3日　冷凍 1か月

●材料（4~5人分）
牛カレー用肉	300g
塩、こしょう	各少々
玉ねぎ	1個
にんじん	1本
ブロッコリー	⅓株
バター	20g

A
- 水　250mℓ
- 赤ワイン　100mℓ

B
- デミグラスソース（市販）　1缶（290g）
- トマトケチャップ　大さじ1
- 塩　小さじ¼

●作り方
1. 牛カレー用肉は塩、こしょうをふる。玉ねぎはくし形切りにし、にんじんは乱切りにする。ブロッコリーは小房に分けてゆでておく。
2. 鍋にバターを溶かし、牛肉を焼き、玉ねぎ、にんじんを入れて炒め、Aを加える。煮立ったらアクを取り、ふたをして弱火で50分ほど煮込む。Bを入れて15分ほど煮て、ブロッコリーを加える。

材料チェンジ
● トマトケチャップ大さじ1 ➡ 生クリーム大さじ3
● ブロッコリー⅓株 ➡ ピーマン4個

作りおき食材 ⑮

合いびき肉

牛肉の濃厚なうまみと、豚肉のコク、双方のおいしさが魅力。
うまみの入った肉汁を生かす料理がおすすめです。

作りおきに使う分量

300g

作りおき調理のポイント

- よく練って弾力アップ
- 香りのある調味料や材料でうまみを引き出す

合いびき肉300gで作れるレシピ

- P68　薄型ミートローフ
- P69　オクラの肉みそ炒め
- P69　韓国風ひき肉焼き

> 肉のうまみがギュッと凝縮。

薄型ミートローフ

⏱ 25分　冷蔵 2日　冷凍 1か月

●材料（4〜5人分）

- 合いびき肉……… 300g
- ミックスベジタブル（冷凍）……… 70g
- うずらの卵（水煮）… 8個

A
- 溶き卵……… ½個分
- 赤ワイン…… 大さじ3
- 塩……… 小さじ⅓
- こしょう、ナツメグ……… 各少々
- パン粉……… ¼カップ

●作り方

1. ボウルにA、合いびき肉を入れて粘りが出るまでよく混ぜ、解凍したミックスベジタブルも混ぜる。
2. ラップをした小さめのバットに1を入れて成形し、バットごと台に数回落として空気を抜く。
3. オーブントースターのトレイにアルミホイルを敷き、2の生地をひっくり返してのせ、うずらの卵を埋め込むようにのせ、12〜15分ほど焼く。

保存の名人アドバイス

うずらの卵は冷凍に不向きなので取り除き、加熱前の生地を使いやすい分量ごとに丸めてラップに包み、保存袋に入れて冷凍。

⑮ 合いびき肉 — 肉の作りおきおかず 2

オクラの肉みそ炒め

> オクラのとろみでピリ辛肉みそがよくからむ！

⏱ 15分 ／ 冷蔵 2日 ／ 冷凍 1か月

●材料（4〜5人分）
- 合いびき肉　300g
- オクラ　16本
- しょうが　1片
- ごま油　大さじ1
- 豆板醤　小さじ½
- A
  - 酒　大さじ4
  - みそ　大さじ3
  - 砂糖　大さじ2

●作り方
1. オクラはガクを取り除き、斜め半分に切る。しょうがはみじん切りにする。
2. フライパンにごま油を熱し、1のしょうが、合いびき肉を入れて炒め、肉の色が変わったら、豆板醤を加えて炒める。
3. 2に混ぜ合わせたAと、1のオクラを加えてさっと炒め合わせる。

調味料使い回し
豆板醤 — 料理の味をピリッと引き締める。
➡ P89 ぶりの豆板醤煮
➡ P103 キャベツと厚揚げのピリ辛炒め

韓国風ひき肉焼き

> 韓国風の味つけで、ボリューム満点。

⏱ 15分 ／ 冷蔵 2日 ／ 冷凍 1か月

●材料（4〜5人分）
- 合いびき肉　300g
- 万能ねぎ　3本
- ごま油　大さじ½
- A
  - コチュジャン、白いりごま　各大さじ2
  - ごま油、酒、しょうゆ　各大さじ1
  - 溶き卵　1個分
  - パン粉　15g
  - こしょう　少々

●作り方
1. ボウルに合いびき肉、Aを入れてよく練り、2cm長さに切った万能ねぎを加えて混ぜ合わせる。
2. フライパンにごま油を熱し、1を四角く広げて中火で焼く。焼き色がついたらふたを使って裏返し、ふたをして弱火で中まで火を通し、切り分ける。

保存の名人アドバイス
加熱前の生地を保存袋に平らに入れ、空気を抜いて冷凍。冷蔵庫で解凍して、そのまま焼いて。

作りおき便利MEMO

肉の冷凍保存

肉は冷凍向きの食材です。安いときにまとめ買いして冷凍しておくというのが賢いワザ。
下味をつけて冷凍すれば、解凍してから加熱調理がすぐできます。

薄切り肉　下味をつけて保存袋に入れる

冷凍　3週間

保存袋にしょうゆ、酒を入れ、袋ごと手でもんで下味をつけ、袋の中の空気を抜いてから冷凍庫へ。
● 味がえアイデア ➡ 市販の焼き肉のたれ／オイスターソース・酒

解凍法　冷蔵庫か電子レンジで解凍

冷蔵庫で自然解凍するか、電子レンジで解凍したら、そのまま加熱調理を。

ブロック肉　切って下味をつけて保存袋に入れる

冷凍　3週間

調理しやすい大きさに切って塩、こしょうをふり、1枚ずつラップに包んで、保存袋に入れて冷凍。
● 味がえアイデア ➡ 塩・こしょう・おろしにんにく／みそ

解凍法　冷蔵庫か電子レンジで解凍

冷蔵庫で自然解凍するか、電子レンジで解凍したら、そのまま加熱調理を。

ひき肉　下味をつけて保存袋に入れる

冷凍　2週間

ひき肉はいたみやすいため、下味つきで冷凍する。塩、こしょうをふって混ぜ、保存袋に入れ、平らにして冷凍。
● 味がえアイデア ➡ 酒・しょうゆ・しょうが汁／みそ・酒・長ねぎのみじん切り

解凍法　冷蔵庫で自然解凍か凍ったまま調理

冷蔵庫で自然解凍か、汁けのある料理にするなら凍ったままで調理できる。菜箸でほぐしながら調理する。

ハム　ベーコン　ソーセージ　使いやすいサイズに分けて冷凍

冷凍　1か月

ハムは1〜2枚ずつ、ソーセージはそのまま、ベーコンは1〜2枚ずつそれぞれラップで包み保存袋に。

解凍法　冷蔵庫で自然解凍か凍ったまま調理

凍ったまま調理できる。どれも凍ったまま切って使えるので便利。

3

魚介の作りおきおかず

めんどうな下ごしらえなく、調理しやすい素材の
かんたんメニューです

作りおき食材 ①

鮭

店頭にほぼ一年中出回っている鮭は、主に甘塩鮭です。
うまみが濃いので、具材をたくさん入れなくても十分主菜になる食材です。

作りおきに使う分量
4切れ

作りおき調理のポイント
- 下ごしらえで骨を取り除いて
- 生鮭はしっかりめに味つけ

鮭4切れで作れるレシピ

P72	鮭のちゃんちゃん焼き
P73	鮭と大根の煮物
P73	鮭のカレー竜田揚げ
P74	鮭の幽庵焼き風
P75	鮭のコーンクリーム煮

甘辛いみそと鮭が絶妙な北海道の郷土料理。

鮭のちゃんちゃん焼き

⏱ 20分　冷蔵 2日　冷凍 3週間

● 材料（4～5人分）
- 生鮭……………… 4切れ
- 塩 ……………… 少々
- キャベツ ……… 1/4個
- にんじん ……… 1/2本
- 玉ねぎ ………… 1/2個
- サラダ油 ……… 大さじ1/2

A
- 酒 ………… 大さじ4
- みそ ……… 大さじ3
- 砂糖 ……… 大さじ2
- みりん …… 大さじ1
- しょうゆ … 小さじ2

● 作り方
1. 生鮭は骨を取り除いて3等分に切り、塩をふる。
2. キャベツはざく切りに、にんじんは細切りに、玉ねぎは薄切りにする。
3. フライパンにサラダ油を強火で熱し、1の皮目から焼く。焼き色がついたら裏返し、2を入れてAを回しかけてふたをし、中火で10分蒸し焼きにする。

調理の早ワザ
にんじんの細切り　にんじんに縦に数本切り目を入れ、ピーラーを使ってスライスするとかんたん。

鮭と大根の煮物

> 時間がたつと、鮭の味が大根にしみてよりおいしい！

⏱ 25分　冷蔵 2日　冷凍 3週間

●材料（4〜5人分）
- 生鮭……4切れ
- 大根……½本
- A ┃ だし汁……250㎖
　　┃ しょうゆ、酒、みりん……各大さじ4

●作り方
1. 生鮭は骨を取り除いて4等分に切る。
2. 大根は皮をむき、2cm幅のいちょう切りにし、ラップに包み、電子レンジ（600W）で8分加熱する。
3. 鍋に2とAを入れて火にかけ、中火で5分ほど煮て、1を加えて中まで火を通す。

材料チェンジ
- バター20gをAにプラス
- 万能ねぎ（みじん切り）を仕上げにプラス

鮭のカレー竜田揚げ

> 食欲をそそるカレー風味の衣がカリッ！

⏱ 30分　冷蔵 2日　冷凍 3週間

●材料（4〜5人分）
- 甘塩鮭……4切れ
- 酒……大さじ1
- しょうゆ……小さじ1
- カレー粉……大さじ1
- 片栗粉……大さじ2
- 揚げ油……適量

●作り方
1. 甘塩鮭は骨を取り除いてひと口大に切り、酒、しょうゆをからめ、冷蔵庫で20分ほど漬ける。
2. カレー粉と片栗粉をよく混ぜ合わせる。
3. 1の水けをペーパータオルでふき取り、2を全体にまぶして、160℃の揚げ油でカラッと揚げる。

材料チェンジ
- カレー粉大さじ1 ➡ パセリ（みじん切り）大さじ1
- 甘塩鮭4切れ ➡ 甘塩たら4切れ

3　魚介の作りおきおかず　① 鮭

> さわやかな甘酸っぱさの
> しょうゆだれが
> 生鮭とぴったりマッチ。

鮭の幽庵焼き風

⏱ 40分 　冷蔵 2日 　冷凍 3週間

● 材料（4〜5人分）

生鮭	4切れ
塩	小さじ½
A ママレードジャム	大さじ2
しょうゆ	大さじ1
酒	大さじ½
サラダ油	小さじ1

● 作り方

1 生鮭に塩をふって10分おき、ペーパータオルで水けをふき取る。

2 混ぜ合わせたAに1をからめ、冷蔵庫で20分ほど漬ける。

3 フライパンにサラダ油を強火で熱し、2の汁けをきって並べ、焼き色がつくまで両面を焼く。

材料チェンジ

- ママレードジャム大さじ2 ➡ **はちみつ大さじ2**
- 生鮭4切れ ➡ **鶏もも肉1枚**

保存の名人アドバイス

生鮭をたれに漬け込んだ状態で保存袋に入れ、空気を抜いて冷凍。冷蔵庫か、袋ごと流水にさらして解凍し、焼く。

> やさしいコーンクリーム煮は
> ホッとする味わい。

ちょいかえ！

鮭グラタン
ゆでたマカロニを加えて、ミックスチーズをのせ溶けるまで、トースターで焼く。

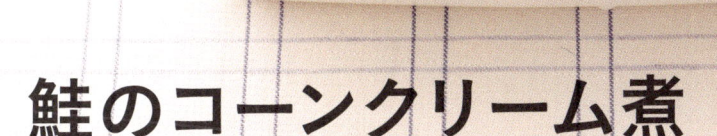

3 魚介の作りおきおかず ① 鮭

鮭のコーンクリーム煮

⏱ 20分　冷蔵 2日　冷凍 3週間

● 材料（4〜5人分）
- 甘塩鮭 …………… 4切れ
- 玉ねぎ …………… ½個
- しめじ …………… 1袋
- サラダ油 ………… 大さじ1
- A
  - コーンクリーム缶 …… 1缶（190g）
  - 牛乳 …………… 300㎖
  - コンソメスープの素（固形）…… 1個
- 塩、こしょう …… 各少々

● 作り方
1. 玉ねぎは薄切りにし、しめじは石づきを切り落としてほぐす。
2. フライパンにサラダ油を強火で熱し、甘塩鮭を両面こんがりと焼いて、火が通ったら取り出す。
3. 2のフライパンで1を炒め、しんなりしてきたら2をもどし入れてAを加える。煮立ったら塩、こしょうで味を調える。

あまったら冷凍！
包装されたままの状態で冷凍すればより長持ち。凍ったまま料理に加えて使える。

調味料使い回し

コーンクリーム缶
クリーミーな甘さを加えられる。煮込み料理、ソース、スープなどに。
➡ P85 コーンスープ

作りおき食材②

かじき

「かじきまぐろ」とも呼ばれますが、実はまぐろとは別の種類の魚。骨がないため調理しやすく、和洋中さまざまな料理に活用できます。

作りおきに使う分量

4切れ

作りおき調理のポイント

- パサつかないよう加熱し過ぎに注意
- 調味料をからめてうまみをコーティング

かじき4切れで作れるレシピ

P76	かじきのキムチ蒸し
P77	かじきのくわ焼き山椒風味
P77	かじきのオイスターソース炒め
P78	かじきのトマト煮
P79	かじきのエスカベッシュ風

ピリ辛キムチをきかせたふっくら蒸し料理。

かじきのキムチ蒸し

⏲ 15分　冷蔵 2日　冷凍 3週間

●材料（4〜5人分）
- かじき……4切れ
- 塩、こしょう……各少々
- 長ねぎ……1本
- しょうが……1片分
- 白菜キムチ……150g
- A [酒、ごま油……各大さじ2]

●作り方
1. かじきは塩、こしょうをふる。
2. 長ねぎは1cm幅の斜め切りにする。しょうがはせん切りにする。
3. 耐熱容器に1を並べ、2、白菜キムチをのせ、Aをかけてラップをし、電子レンジ（600W）で5分加熱して、ラップをかけたまま蒸らす。

材料チェンジ

- ごま油大さじ2 → **バター大さじ2**
- かじき4切れ → **生たら4切れ**

かじきのくわ焼き山椒風味

> 甘辛だれとさわやかな山椒は鉄板の組み合わせ。

⏰ 15分　冷蔵 2日　冷凍 3週間

● 材料（4〜5人分）
- かじき……4切れ
- 小麦粉……適量
- サラダ油……大さじ1
- A
  - みりん……大さじ5
  - しょうゆ……大さじ4
  - 砂糖……小さじ2
  - 粉山椒……大さじ½

● 作り方
1. かじきはペーパータオルで水けをふき取り、小麦粉を薄くまぶす。
2. フライパンにサラダ油を強火で熱し、1の両面を焼いて中まで火を通す。
3. フライパン上の余分な油をペーパータオルでふき取り、Aを加えて汁けがなくなるまで煮からめる。

材料チェンジ
- 粉山椒大さじ½ ➡ 七味唐辛子½
- かじき4切れ ➡ ぶり4切れ

かじきのオイスターソース炒め

> マヨネーズ＋オイスターソースの濃厚な合わせワザ！

⏰ 20分　冷蔵 2日　冷凍 3週間

● 材料（4〜5人分）
- かじき……4切れ
- 片栗粉……適量
- 玉ねぎ……1個
- 赤パプリカ、黄パプリカ……各½個
- サラダ油……大さじ2
- A
  - マヨネーズ……大さじ2
  - オイスターソース、酒……各大さじ1

● 作り方
1. かじきはひと口大に切り、片栗粉をまぶす。
2. 玉ねぎ、パプリカは乱切りにする。
3. フライパンにサラダ油を熱して1を中火で焼き、焼き色がついたら取り出す。
4. 3のフライパンで玉ねぎを炒め、しんなりしてきたら、パプリカ、取り出した3、Aを加えて、炒め合わせる。

あまったら冷凍！ 
1cm幅のくし形切りにして保存袋に入れ、空気を抜いて冷凍。凍ったまま加熱調理に。

3　魚介の作りおきおかず　② かじき

淡泊なかじきを甘酸っぱいトマト味のソースで仕上げて。

ちょいかえ！

かじきのトマトリゾット
水、コンソメスープの素、ごはんを加えて温め、粉チーズとこしょうをふって。

かじきのトマト煮

⏱ 15分 ｜ 冷蔵 2日 ｜ 冷凍 3週間

● 材料（4〜5人分）
- かじき……………………4切れ
- 塩、こしょう……………各少々
- 小麦粉……………………大さじ2
- カットトマト缶………1缶（400g）
- コンソメスープの素（顆粒）
　……………………………小さじ2
- 砂糖………………………小さじ1
- オリーブ油………………大さじ1
- パセリ（みじん切り）…………少々

● 作り方
1. かじきに塩、こしょうをふり、小麦粉をまぶす。
2. フライパンにオリーブ油を熱し、1の両面をこんがりと焼く。
3. 2にカットトマト缶、コンソメスープの素、砂糖を加えて5分ほど煮て、パセリを散らす。

調理の早ワザ
トマト缶を刻む　ホールトマト缶を使うときは、キッチンばさみを使い、缶の中でトマトを刻むと手早くかんたん。

材料チェンジ
- 生クリーム大さじ4 を火を止めて加えて
- 黒オリーブ（輪切り）を煮るときにプラス

> 衣にドレッシングがよくからみ、おつまみにもぴったりなおかず。

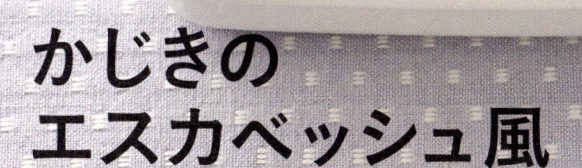

かじきのエスカベッシュ風

⏱ 25分　冷蔵 2日　冷凍 3週間

●材料（4〜5人分）
- かじき……………4切れ
- 塩、こしょう………各少々
- 片栗粉……………大さじ2
- 玉ねぎ……………½個
- イタリアンドレッシング……大さじ5
- 揚げ油……………適量

●作り方
1. かじきは棒状に切って、塩、こしょうをふり、片栗粉をまぶす。
2. 玉ねぎはごく薄切りにする。
3. 160℃の揚げ油で、1をカラッと揚げる。
4. バットにイタリアンドレッシング、2を入れ、熱いうちに3を加えて、15分ほど漬け込む。

保存の名人アドバイス
ドレッシングに漬けた状態で保存袋に入れて冷凍。冷蔵庫で解凍し、そのまま食卓へ。

材料チェンジ
- ハーブ（ローズマリーなど）を漬けるとき加えて
- 玉ねぎ½個 ➡ 貝割れ大根1パック

3 魚介の作りおきおかず　② かじき

作りおき食材 ③

さば

脂ののった濃い味わいが魅力で、食べごたえのある青魚です。
いたみやすいため、鮮度のよいものを選び、すぐに調理をして。

作りおきに使う分量

2尾（3枚おろし）

作りおき調理のポイント

- 臭みをやわらげる香味野菜や香辛料などを加えて
- 中までしっかり火を通す

さば2尾（3枚おろし）で
作れるレシピ

P80	さばのコチュジャン煮
P81	さばのレモン蒸し
P81	焼きしめさば

定番のさばのみそ煮をピリ辛味で！

さばのコチュジャン煮

⏰ 25分　冷蔵 2日　冷凍 3週間

●材料（4〜5人分）
さば（3枚おろし）……… 2尾分
しょうが ……………………… 1片
A ┃ 水 ………………………… 600㎖
　 ┃ みそ、コチュジャン
　 ┃ ………………………… 各大さじ3
　 ┃ 砂糖 …………………… 小さじ1

●作り方
1. さばは骨を取り除いて6cm幅のそぎ切りにする。しょうがはせん切りにする。
2. フライパンにAを入れてひと煮立ちさせ、1のしょうが、さばは皮目を上にして入れる。
3. フライパンに落としぶたをして、中火で12分ほど煮る。

材料チェンジ
- ごま油 or 白いりごま を仕上げにプラス
- さば2尾 ➡ ぶり4切れ

さばのレモン蒸し

> レモンが青魚のにおいをやわらげてくれる。

⏱25分　冷蔵2日　冷凍3週間

● 材料（4〜5人分）
- さば（3枚おろし）……2尾分
- 玉ねぎ、レモン……各1個
- A
  - 水……50㎖
  - 塩、しょうゆ……各小さじ1
  - オリーブ油……大さじ1

● 作り方
1. さばは骨を取り除いて2cm幅のそぎ切りにする。
2. 玉ねぎは薄切りにし、レモンは薄い輪切りにする。
3. フライパンに2の玉ねぎを敷き、上に1、2のレモンをのせ、Aを加えてふたをし、15分ほど蒸し煮にする。

材料チェンジ
- オリーブ油大さじ1 ➡ バター20g
- レモン1個 ➡ 酢大さじ1

焼きしめさば

> 香ばしく焼くと酒の肴にぴったり。

ちょいかえ！　焼きさば寿司
食べやすく切って、寿司にするのもおすすめ。青じそを添えても。

⏱50分　冷蔵2日　冷凍3週間

● 材料（4〜5人分）
- さば（3枚おろし）……2尾分
- 塩……小さじ2
- 砂糖……小さじ1
- 酢……大さじ2
- 酒……大さじ2
- 粗びき黒こしょう……適量

● 作り方
1. さばは骨を取り除いて3等分に切り、全体に塩をふって5分おき、砂糖、酢をまんべんなくかけ、さらに15分おく。
2. 1の水けをペーパータオルでふき取り、酒をまぶし、粗びき黒こしょうをたっぷりとふる。
3. オーブンの天板にアルミホイルを敷いてサラダ油少々（分量外）を塗り、2をのせて200℃で18分ほど焼く。

保存の名人アドバイス
酢をかけた状態でラップに包み、保存袋に入れて冷凍。流水で半解凍して焼く。

3　魚介の作りおきおかず ③さば

作りおき食材 ④

あじ

青魚のなかではクセが少なく、あっさりしています。
しっかりとした味つけで仕上げると、淡泊なコクが引き立ちます。

作りおきに使う分量

4尾

作りおき調理のポイント

- 焼く前に塩をふって身を締める
- 切り身魚は水分が出やすいので早めに調理を

あじ4尾で作れるレシピ

P82　あじのねぎみそ焼き

P83　あじのしそチーズフライ

P83　あじのバターしょうゆ焼き

香ばしく焼いたねぎみそがお酒にもよく合う！

あじのねぎみそ焼き

20分 ／ 冷蔵 2日 ／ 冷凍 3週間

●材料（4〜5人分）

あじ	4尾
長ねぎ	1本
A　みそ	大さじ2
みりん	大さじ1½
砂糖	小さじ1

●作り方

1. あじは3枚におろして骨を取り除く。
2. 長ねぎはみじん切りにし、Aと混ぜ合わせる。
3. オーブンの天板にアルミホイルを敷き、サラダ油少々（分量外）を塗る。身を上にして1を並べて2を塗り、200℃で12分ほど焼き色がつくまで焼く。

調理の早ワザ

うろこの取り方
レジ袋の中にあじを入れ、うろこをスプーンでこすり取ると、うろこが周囲に飛び散らず、手早くできる。

あじのしそチーズフライ

> とろ〜りチーズとしその香りがたまらない！

⏱ 25分　冷蔵 2日　冷凍 3週間

●材料（4〜5人分）
- あじ……4尾
- 塩、こしょう……各少々
- 青じそ……8枚
- スライスチーズ……4枚
- 小麦粉、溶き卵、パン粉……各適量
- 揚げ油……適量

●作り方
1. あじは3枚におろして骨を取り除き、塩、こしょうをふる。
2. 1のあじの身1枚につき、青じそ1枚、半分に切ったスライスチーズ1枚をのせ、端から巻いてつま楊枝でとめる。残りも同様に作る。
3. 2に小麦粉、溶き卵、パン粉の順に衣をつけ、180℃の揚げ油でカラッと揚げる。

保存の名人アドバイス 
衣がはがれないようパン粉に埋めるように保存袋に入れて冷凍。凍ったまま揚げてOK。

あじのバターしょうゆ焼き

> にんにくバターしょうゆでジューシー。

⏱ 20分　冷蔵 2日　冷凍 3週間

●材料（4〜5人分）
- あじ……4尾
- 塩、こしょう……各少々
- 小麦粉……適量
- にんにく……1片
- オリーブ油……大さじ2
- A［バター……20g／しょうゆ、酒……各大さじ2］

●作り方
1. あじは内臓を取って洗い、ペーパータオルで水けをふいて塩、こしょうをふり、小麦粉をまぶす。
2. にんにくはみじん切りにする。
3. フライパンにオリーブ油と2を入れて弱火にかけ、にんにくに色がついたら1を入れ、オリーブ油をからめながら弱火で焼く。
4. 焼き色がついたら裏返して1〜2分焼き、Aを加え、強火で汁けがなくなるまで焼く。

あまったら冷凍！
にんにくはみじん切りにし、1片分ずつラップに包み、保存袋に入れて冷凍。

3 魚介の作りおきおかず ④あじ

作りおき便利MEMO

\ 冷凍できる！ /
みそ汁の具とスープ

みそ汁

1人分の具を冷凍しておけば、みそと一緒にそのままお椀に入れてお湯を注ぐだけで、あっという間においしいみそ汁が完成！

1人分のみそ汁の作り方
- みそ……………大さじ1 ½
- 和風だしの素……小さじ ½
- 具（下にある具のどれか）
  ……………………1～2つ

＋

- お湯180mℓ
  を入れて混ぜる

保存の名人アドバイス

みそ汁用に小分けに
具はみそ汁用に小さめに切り、使いやすい分量で小分けにして冷凍。普通に素材を冷凍するよりも、少ない量に分けて。

長ねぎ・万能ねぎ
ねぎは小口切りにし、密閉容器に入れて冷凍。小分けにしてラップで包み、保存袋に入れてもOK。

絹ごし豆腐
1cmより小さい角切りにし、豆腐がくっつかないようバットに並べて冷凍。凍ったら密閉容器に移して保存する。

ほうれん草
軽くゆでて水けを絞り、約3cmの長さに切る。約10gごとにラップで包んで平たくし、密閉容器に。

もやし
水けをふき取ったら、そのまま密閉容器に入れて冷凍。保存袋に入れて冷凍する場合は、袋の中の空気を抜く。

油揚げ
短冊切りにして密閉容器に入れて冷凍。少量使う分には油抜きしなくても使える。

みそ汁の具やスープを常に冷凍庫にストックしておくと、
おかずがちょっと足りないときも、すぐに汁物を一品増やせて重宝します。
忙しい朝や野菜不足のときも、これさえあればバッチリ。

洋風スープ

冷凍保存しておけば、レンジ加熱するだけで、温かいスープができ上がる！ 野菜たっぷりスープなら、栄養不足のときの強い味方に。

せん切り野菜のコンソメスープ

●材料（4人分）
- キャベツ……………1枚
- 玉ねぎ………………½個
- にんじん……………⅓本
- A [水……………800㎖
      コンソメスープの素（顆粒）……小さじ2]
- 塩、こしょう………各少々

●作り方
1. キャベツ、玉ねぎ、にんじんはそれぞれせん切りにする。
2. 鍋にAを入れ、強火にかけてひと煮立ちさせ、1を加えて中火で煮込む。
3. 野菜がやわらかくなったら、塩、こしょうで味を調える。

コーンスープ

●材料（4人分）
- 玉ねぎ………………1個
- バター………………15g
- A [水……………300㎖
      コンソメスープの素（顆粒）……小さじ2]
- コーンクリーム缶……1缶（190g）
- 牛乳…………………200㎖
- 塩、こしょう………各少々
- パセリ（みじん切り）……少々

●作り方
1. 玉ねぎはみじん切りにする。
2. 鍋にバターを入れて中火にかけ、1を入れて、玉ねぎがしんなりするまで炒める。
3. 2にAを加えて5分ほど煮込み、コーンクリーム缶、牛乳を加えてさらにひと煮立ちさせ、塩、こしょうで味を調え、パセリを散らす。

保存の名人アドバイス

保存袋に平たく入れて冷凍　冷凍1か月

スープはよく冷ましてから1人分ずつ保存袋に入れ、空気を抜きながら袋の口を閉める。冷凍庫に寝かせて平たく冷凍すると、早く解凍できる。

作りおき食材 ⑤

さんま

安くておいしい秋の味覚の代表格。口先と尾の部分が黄色みを帯びているものは、脂がのっています。作りおきにはしっかりと味つけを。

作りおきに使う分量

4尾

作りおき調理のポイント

- うまみが抜けないよう調理直前に切る
- 頭と内臓は取り除く

さんま4尾で作れるレシピ

- P86　さんまのハーブソルト焼き
- P87　さんまのごま煮
- P87　さんまのイタリアンロースト

> バジルとオリーブ油で洋風の香りに。

さんまのハーブソルト焼き

⏱ 15分　冷蔵 2日　冷凍 3週間

●材料（4~5人分）
- さんま……………… 4尾
- A［塩、乾燥バジル ……… 各小さじ1］
- オリーブ油 ……… 大さじ1
- レモン ……………… 適量

●作り方

1. さんまは頭と内臓を取り除き、よく洗って水けをふき取り、4等分の筒切りにする。
2. Aを合わせ、1の両面にまんべんなくふる。
3. フライパンにオリーブ油を中火で熱して2を入れ、フライパン上の余分な油をペーパータオルでふき取りながら焼き、焼き色がついたら弱火にして3～5分ほど焼く。
4. 3を裏返して同様に焼く。好みで食べるときにくし形切りにしたレモンを添える。

調味料使い回し　乾燥バジル

肉や魚の臭みをやわらげる効果がある。さわやかな香りで、料理の仕上げに加えるとイタリア風の味わいに。

⑤ さんま

さんまのごま煮

> たれにからむごまの風味が香ばしい！

⏱ 20分 ／ 冷蔵 2日 ／ 冷凍 3週間

●材料（4〜5人分）
- さんま………………4尾
- A
  - しょうゆ、酢、酒……各大さじ4
  - みりん………………大さじ6
  - 砂糖…………………大さじ2
- 白すりごま……………大さじ2½

●作り方
1. さんまは頭と内臓を取り除き、よく洗って水けをふき取り、3〜4cm幅の筒切りにする。
2. 鍋にAを煮立て、1を入れて再び煮立ったら落としぶたをして弱火で10分煮る。
3. 落としぶたを取って強火にし、汁けがなくなるまで煮つめ、白すりごまをふって全体にからめる。

調理の早ワザ
さんまの筒切り
キッチンばさみを使ってさんまを筒切りにしてから、切った身それぞれの内臓を洗い流す、というやり方も。

さんまのイタリアンロースト

> 熱々トマトが不意打ちのおいしさ！

⏱ 30分 ／ 冷蔵 2日 ／ 冷凍 3週間

●材料（4〜5人分）
- さんま………………4尾
- プチトマト……………8個
- バジル…………………12枚
- にんにく………………2片
- 塩………………小さじ⅓
- 粉チーズ………大さじ2
- オリーブ油……大さじ1

●作り方
1. さんまは頭と内臓を取り除き、腹側の⅔くらいまで切り込みを入れ、よく洗って水けをふき取る。
2. プチトマトは半分に切り、バジルはちぎる。にんにくはみじん切りにする。
3. 1の切り込みを入れた腹に、2を詰める。
4. オーブンの天板にオーブンシートを敷いて3をのせ、塩、粉チーズ、オリーブ油をかけ、180℃で20分焼く。

材料チェンジ
- 粉チーズ大さじ2 ➡ 粗びき黒こしょう適量
- さんま4尾 ➡ あじ4尾

作りおき食材⑥ ぶり

脂ののったぶりはコクがあり、濃いめの味つけがぴったり。
血合いが赤く、皮があざやかに光っているものは新鮮です。

作りおきに使う分量
4切れ

作りおき調理のポイント
- 余分な水分はふき取る
- 焼く前に塩をふって身を締める
- 中までしっかり火を通す

ぶり4切れで作れるレシピ

- P88　ぶりの黒こしょう焼き
- P89　ぶりの豆板醤煮
- P89　ぶりのタンドリー風

💬 こしょうをプラスでひと味変わる！

ぶりの黒こしょう焼き

⏱ 20分　冷蔵 2日　冷凍 3週間

●材料（4～5人分）

ぶり……4切れ	水……大さじ3
塩……少々	酒、みりん、しょうゆ
粗びき黒こしょう……少々	A　……各大さじ2
小麦粉……適量	おろしにんにく
サラダ油……大さじ½	……1片分

●作り方

1. ぶりは塩をふって10分ほどおき、ペーパータオルで水けをふき取る。
2. 1に粗びき黒こしょうをまんべんなくふり、小麦粉をまぶす。
3. フライパンにサラダ油を中火で熱し、ぶりの両面を焼き、Aを加えて煮からめる。

材料チェンジ
- 粗びき黒こしょう少々 ➡ 七味唐辛子少々
- ぶり4切れ ➡ 豚ロースとんカツ用肉4枚

ぶりの豆板醤煮

> ぶりのうまみが野菜にしみる。

⏱ 15分　冷蔵 2日　冷凍 3週間

●材料（4～5人分）
- ぶり………… 4切れ
- にんじん……… ¼本
- 長ねぎ………… 1本
- だし汁……… 200㎖

A:
- 酒………… 大さじ3
- しょうゆ、みりん … 各大さじ2
- 砂糖……… 小さじ2
- 豆板醤…… 小さじ1

●作り方
1. にんじんは細切りにし、長ねぎは斜め切りにする。
2. 鍋にだし汁とAを入れて煮立て、1を加えて3～4分煮る。
3. 2にぶりを加え、火が通るまで煮る。

材料チェンジ
- 豆板醤小さじ1 ➡ コチュジャン大さじ1
- にんじん¼本 ➡ ししとう8本

ぶりのタンドリー風

> カレーの香りが食欲をそそる。

⏱ 90分　冷蔵 2日　冷凍 3週間

●材料（4～5人分）
- ぶり………… 4切れ
- 塩……………… 少々

A:
- ヨーグルト … 1カップ
- おろしにんにく、おろししょうが … 各1片分
- 酒………… 大さじ2
- カレー粉 … 大さじ1
- 塩……………… 少々

●作り方
1. ぶりは塩をふって10分ほどおき、ペーパータオルで水けをふき取る。
2. 混ぜたAに1を漬け、冷蔵庫で1時間ほどおく。
3. オーブンの天板にオーブンシートを敷いて2をのせ、200℃で15～20分焼く。

調味料使い回し　プレーンヨーグルト
まろやかなコクと酸味をプラス。
➡ P29 バターチキンカレー
➡ P31 タンドリーチキン

3 魚介の作りおきおかず　⑥ぶり

作りおき食材⑦ たら

淡泊なうまみがありあっさり食べられる、冬が旬の魚です。
身に透明感があり、薄いピンク色がかったものが新鮮です。

作りおきに使う分量

4切れ

作りおき調理のポイント

- 買ってきたら早めに調理を
- 塩をふって身を締めるか表面をコーティングして

たら4切れで作れるレシピ

P90　たらのポン酢蒸し
P91　たらの青じそピカタ
P91　たらの南蛮漬け

> ポン酢＋梅でいっそうさわやかに！

たらのポン酢蒸し

⏱ 25分　冷蔵 2日　冷凍 3週間

●材料（4〜5人分）

生たら……………… 4切れ
塩…………………… 少々
ほうれん草………… ½束
しめじ……………… 1パック

A ┃ 練り梅……… 大さじ2
　 ┃ ポン酢しょうゆ
　 ┃ …………… 90㎖

●作り方

1. たらは塩をふって10分ほどおき、ペーパータオルで水けをふき取る。
2. ほうれん草は4〜5cm長さに切り、しめじは石づきを切り落としてほぐす。
3. 耐熱容器にほうれん草を敷き、1、しめじをのせ、合わせたAをかけ、ラップをして電子レンジ（600W）で7〜8分加熱する。

材料チェンジ

- 練り梅大さじ2 ➡ ゆずこしょう小さじ1
- 青じそ（細切り）を仕上げにプラス

3 魚介の作りおきおかず ⑦たら

> 青じそと白身魚の相性は抜群。

たらの青じそピカタ

⏱ 15分 ／ 冷蔵 2日 ／ 冷凍 3週間

●材料（4〜5人分）
- 生たら……………4切れ
- 塩、こしょう………各少々
- 小麦粉……………大さじ1
- 青じそ……………8枚
- 溶き卵……………1個分
- サラダ油…………大さじ1

●作り方
1. たらは半分に切り、塩、こしょうをふり、小麦粉をまぶす。
2. 1に青じそを巻きつけ、溶き卵にくぐらせる。
3. フライパンにサラダ油を中火で熱して2を入れ、ふたをして弱火で焼く。焼き色がついたら裏返し、ふたをはずして、焼き色がつくまでさらに焼く。

材料チェンジ
- サラダ油大さじ1 ➡ **ごま油大さじ1**
- 青じそ8枚 ➡ **焼きのり1枚**

> 甘酸っぱいたれにジュッと漬けて。

たらの南蛮漬け

⏱ 20分 ／ 冷蔵 2日 ／ 冷凍 3週間

●材料（4〜5人分）
- 生たら……………4切れ
- 小麦粉……………適量
- 玉ねぎ……………1個
- にんじん…………½本
- 揚げ油……………適量
- A
  - 酢……………150㎖
  - しょうゆ、水……各100㎖
  - 砂糖…………大さじ4
  - 赤唐辛子………1本

●作り方
1. たらは4等分に切り、小麦粉をまぶす。
2. 玉ねぎは薄切りに、にんじんは細切りにする。Aは混ぜ合わせておく。
3. 170℃の揚げ油で1をカラッと揚げ、熱いうちにAに入れ、2の野菜も加えて漬け込む。

保存の名人アドバイス
衣がたれに溶けてしまわないよう、揚げたたらは野菜入りのたれに漬けずに別々の保存袋に入れて冷凍。

作りおき食材 ⑧

いか

ごはんのおかずにはもちろん、酒の肴にもぴったりのスグレもの食材。身に透明感のあるものが新鮮です。火を通すとうまみが濃くなります。

作りおきに使う分量

2杯

作りおき調理のポイント

- かたくなり過ぎないよう、さっと加熱
- 内臓を取り除いてよく洗う

いか2杯で作れるレシピ

- P92　いかのホイル焼き 
- P93　いかとブロッコリーの中華炒め 
- P93　いかと里いもの煮物

> セロリの香りを加えてビストロ風に。

いかのホイル焼き

⏱ 30分　冷蔵 2日　冷凍 3週間

●材料（4〜5人分）
- いか……2杯
- セロリ……1本
- エリンギ……3本
- オリーブ油……少々
- A
  - 塩……小さじ⅓
  - バター……40g
  - レモン汁、粗びき黒こしょう……各少々

●作り方

1. いかは内臓を取り除いて洗い、胴は1.5cm幅の輪切りに、足は食べやすい大きさに切る。
2. セロリは斜め薄切りにし、エリンギは長さを半分にして、縦に4つ割りにする。
3. アルミホイルにオリーブ油を薄くひき、1と2、Aを等分に入れ、ふんわりと包み、4個分作る。
4. オーブントースターで15〜20分焼く。

保存の名人アドバイス

アルミホイルに包んだ状態で保存袋に入れて冷凍。凍ったままトースターで加熱調理を。

いかとブロッコリーの中華炒め

オイスターソースでこっくり味つけ。

⏱ 20分 ／ 冷蔵 2日 ／ 冷凍 3週間

●材料（4~5人分）
- いか（胴のみ）……… 2杯分
- ブロッコリー ……… 1株
- にんにく ……… 1片
- ごま油 ……… 大さじ1
- A ┃ オイスターソース …… 大さじ2
-   ┃ 酒 ……… 小さじ2

●作り方
1. いかは皮をむき、胴を切り開いて格子状に斜めに切り込みを入れ、3cm×4cmほどの長方形状に切り分ける。
2. ブロッコリーは小房に分け、熱湯でさっとゆでる。にんにくはみじん切りにする。
3. フライパンにごま油と2のにんにくを入れて中火にかけ、香りが立ったら1、2のブロッコリーを加えてさっと炒め、さらにAを加えて炒め合わせる。

材料チェンジ
- ごま油大さじ1 ➡ **バター大さじ1**
- ブロッコリー1株 ➡ **アスパラガス12本**

いかと里いもの煮物

いかのうまみでほっとする和の定番。

⏱ 20分 ／ 冷蔵 2日 ／ 冷凍 3週間

●材料（4~5人分）
- いか ……… 2杯
- 里いも ……… 6個
- だし汁 ……… 400㎖
- A ┃ みりん …… 大さじ4
-   ┃ 砂糖 …… 大さじ1
-   ┃ 酒、しょうゆ …… 各大さじ2

●作り方
1. いかは内臓を取り除いて洗い、胴は1.5cm幅の輪切りに、足は食べやすい大きさに切る。
2. 里いもは皮をむいて塩少々（分量外）でもみ、水からゆでて煮立ったら、お湯を捨てる。
3. 鍋にだし汁とAを煮立てて1を入れ、ひと煮立ちさせ、いかをいったん取り出す。
4. 3の鍋に2を加えて煮汁が半量になるまで煮て、3のいかをもどし入れ、さらに2~3分ほど煮る。

調理の早ワザ
里いもの皮むき　調理前に里いも表面を洗い、よく乾かしてからむくとすべりにくくなり、手早く皮がむける。

3 魚介の作りおきおかず ⑧いか

作りおき食材 ⑨

えび

プリプリの食感と上品な甘みが人気の食材。
おいしく仕上げるなら、殻つきのえびを使うのがおすすめです。

作りおきに使う分量

12尾

作りおき調理のポイント

- かたくなるので加熱し過ぎない
- 殻と背わたは取り除く

えび12尾で作れるレシピ

P94　かぶとえびの白だし煮

P95　えびのオイル煮

P95　えびチリ

> だしをきかせてあっさり仕立てて料亭風に。

ちょいかえ！
えびの茶碗蒸し
溶いてこした卵液を加えて蒸すと、上品な具材の茶碗蒸しに。

かぶとえびの白だし煮

⏱ 20分　冷蔵 3日　冷凍 3週間

● 材料（4〜5人分）
えび ………………… 12尾
酒 ………………… 大さじ1
かぶ ………………… 4個
A ┃ 水 ………………… 400㎖
　 ┃ 白だし ……… 100㎖

● 作り方
1. えびは殻と背わたを取り除き、酒をふる。
2. かぶは茎を2cmほど残して切り落とし、皮をむいて縦に6等分のくし形に切る。
3. 鍋にAを入れて煮立て、1、2を加えて落としぶたをし、中火で10分ほど煮る。

保存の名人アドバイス

かぶはすぐに火が通ってやわらかくなり過ぎるため、冷凍するなら、再加熱を見越して半煮えぐらいのかたさで。

> えびとにんにくオイルが好相性。

> たっぷり入れる長ねぎもポイント！

3 魚介の作りおきおかず

⑨ えび

えびのオイル煮

⏰ 15分　冷蔵 3日　冷凍 3週間

● 材料（4～5人分）
- えび……12尾
- 塩……少々
- にんにく……3片
- オリーブ油……100㎖
- 赤唐辛子（輪切り）……1本分
- 塩……小さじ¼

● 作り方

1. えびは殻と背わたを取り除き、ペーパータオルで水けをふき取り、塩少々をふる。にんにくは薄切りにする。
2. 小さめのフライパンにオリーブ油、1のにんにく、赤唐辛子を入れて火にかける。
3. 油が軽く煮立ったら、1のえび、塩を加え、フライパンをゆすりながら、弱めの中火でえびの両面に火を通す。

保存の名人アドバイス 
冷蔵保存するときは、えびを油にひたした状態で容器に入れると、しっとり感が保たれる。

えびチリ

⏰ 20分　冷蔵 3日　冷凍 3週間

● 材料（4～5人分）
- えび……12尾
- 長ねぎ……1本
- しょうが……1片
- A［酒……大さじ1／塩、こしょう……各少々］
- 片栗粉……大さじ1
- サラダ油……大さじ1
- B［トマトケチャップ……大さじ3／酒……大さじ2／砂糖……大さじ1／豆板醤……小さじ½／しょうゆ……小さじ1／塩……小さじ¼］

● 作り方

1. えびは殻と背わたを取り除き、Aをもみ込んで片栗粉をまぶす。
2. 長ねぎ、しょうがはみじん切りにする。
3. フライパンにサラダ油を入れて中火で熱し、1を炒め、えびの色が変わったら、2を入れてさらに炒める。Bを加え、とろみが出るまで炒め合わせる。

材料チェンジ
- 酢小さじ½ をBにプラス
- ゆでグリーンピース を火を止める前に加えて

作りおき食材⑩

ツナ

買いおきができて調理しやすく、広く好まれている食材です。
油漬けは油をきらずにそのまま使うと料理のコク出しにも◎。

作りおきに使う分量

2缶（160g）

作りおき調理のポイント

- 身をよくほぐす
- 油を上手に活用してしっとり仕上げる

ツナ2缶で作れるレシピ

P96	ツナと小松菜のコロッケ
P97	ツナのキャベツ炒め
P97	ゴーヤのツナボード

> ツナマヨ味のほっくりコロッケ。

ツナと小松菜のコロッケ

⏰ 25分　冷蔵 3日　冷凍 1か月

●材料（4~5人分）

ツナ缶……2缶（160g）	マヨネーズ……大さじ2
じゃがいも……4個	小麦粉、溶き卵、パン粉
小松菜……½束	……各適量
塩、こしょう……各少々	揚げ油……適量

●作り方

1. じゃがいもは皮つきのままラップをせずに、電子レンジ（600W）で1個につき3分加熱し、皮をむいて粗くつぶす。小松菜は1cmのざく切りにして塩少々（分量外）をふり、水けを絞る。
2. ボウルに油をきったツナ、1、塩、こしょう、マヨネーズを入れてよく混ぜ、10等分に丸める。
3. 小麦粉、溶き卵、パン粉の順に衣をつけ、170℃の揚げ油でカラッと揚げる。

調理の早ワザ

揚げ物の衣つけ　たねを小麦粉→溶き卵につける、という手順を、ポリ袋の中で溶き卵と小麦粉を混ぜ、その中に入れてつけると時短に。

③ 魚介の作りおきおかず ⑩ ツナ

ツナのキャベツ炒め

甘辛炒めでキャベツをモリモリ食べる！

⏰ 15分　冷蔵 3日　冷凍 1か月

● 材料（4～5人分）
- ツナ缶 ………… 2缶（160g）
- キャベツ ………… ¼個
- 玉ねぎ ………… ½個
- 塩、こしょう ………… 各少々
- めんつゆ（3倍希釈タイプ）
  ………… 大さじ3

● 作り方
1. キャベツはざく切りに、玉ねぎは薄切りにする。
2. フライパンにツナ缶の油を入れ、強火で熱して1を炒め、しんなりとしたらツナを加え、塩、こしょうをふる。
3. 2にめんつゆを加え、強火で炒め合わせる。

材料チェンジ
- かつお節 を仕上げにプラス
- キャベツ¼個 ➡ ほうれん草1束

ゴーヤのツナボード

ほろ苦ゴーヤをツナマヨで食べやすく！

⏰ 15分　冷蔵 3日　冷凍 1か月

● 材料（4～5人分）
- ツナ缶 …… 2缶（160g）
- ゴーヤ ………… 1本
- マヨネーズ ………… 適量
- A
  - パン粉 …… 大さじ5
  - マヨネーズ …… 大さじ3
  - スイートコーン缶 …… 大さじ3
  - 塩 ………… 小さじ⅓

● 作り方
1. ゴーヤは縦半分に切り、種とわたを取り、塩少々（分量外）をふってしばらくおき、安定するように底を平らに切る。ラップに包み、電子レンジ（600W）で1分加熱する。
2. ツナ缶は油をきらずにAとあえ、1につめる。
3. 2にマヨネーズをかけ、オーブントースターで10分ほど焼く。

調味料使い回し　マヨネーズ
かけて焼くだけでおいしい一品に。
➡ P39 鶏ささみのマヨ七味焼き
➡ P53 豚肉のみそマヨグリル

97

作りおき便利MEMO

魚介の冷凍保存

魚介はすぐに生臭さが出てしまうので、新鮮なうちに冷凍します。
また、いたみやすい内臓は取り除いてから、というのも鉄則です。

切り身魚
切り身かほぐして保存袋に

| 冷凍 | 2週間 |

1切れずつラップで包み、保存袋に入れて冷凍。焼いて身をほぐし、ラップに包んで冷凍しても。

| 解凍法 | 冷蔵庫か電子レンジで解凍 |

切り身は冷蔵庫か電子レンジで解凍してから加熱調理を。ほぐし身は冷蔵庫か電子レンジで解凍する。

1尾魚
内臓を取り除き、切って保存袋に

| 冷凍 | 2週間 |

さんまやいわしは内臓を取ってぶつ切りにし、1切れずつラップに包む。あじは3枚におろしてラップに。

| 解凍法 | 冷蔵庫で自然解凍 |

ラップを外し、ペーパータオルに包み直して冷蔵庫で自然解凍するとドリップ防止に。

いか
内臓を取り、胴と足に分けて保存袋に

| 冷凍 | 2週間 |

内臓と軟骨を取り除いたら、胴と足を別々にラップに包んで冷凍。切り分けてから冷凍してもOK。

| 解凍法 | 冷蔵庫で自然解凍か流水解凍 |

冷蔵庫で自然解凍するか、急いでいるときは流水にさらして解凍する。

えび あさり
えびは頭を取って、殻つきのまま保存袋に

| 冷凍 | 2週間(えび)、1〜2週間(あさり) |

えびは水で洗い、頭と背わたを取って保存袋に。あさりは砂抜きして保存袋に入れて冷凍。

| 解凍法 | 凍ったまま調理か流水解凍 |

どちらも凍ったまま加熱調理ができる。えびは調理前に流水にさらして解凍してもOK。

4

野菜の作りおきおかず

何品か作りおくことで、食卓にもお弁当にも
ぱぱっとプラスできるおかずです

➡ P124 冷凍ストックしておくと便利な野菜

作りおき食材①

にんじん

茎の切り口を見て、芯が細いものは甘みがあってやわらかいです。にんじんは根先からいたむので、先っぽから使うようにします。

作りおきに使う分量

2本（400g）

作りおき調理のポイント

- 皮付近にうまみと栄養があるので薄めにむく
- 薄切りで使うときはさっと加熱でしゃきっと

にんじん2本で作れるレシピ

P100　キャロットラペ

P101　にんじんのナッツ蒸し

P101　にんじんのツナ炒め

> にんじんとレーズンでさっぱりした箸休め。

キャロットラペ

⏱ 10分　冷蔵 4日　冷凍 1か月

●材料（4～5人分）

にんじん‥‥‥‥‥‥2本（400g）
レーズン‥‥‥‥‥‥大さじ2
A ┌ レモン汁、塩‥‥各小さじ1
　├ こしょう‥‥‥‥‥少々
　└ オリーブ油‥‥‥‥大さじ2

●作り方

1　にんじんはピーラーで薄切りにする。
2　ボウルにAを順に入れてそのつどよく混ぜ合わせ、1、レーズンを加えてあえる。

保存の名人アドバイス

使いやすい分量に分けてラップにぴっちり包み、保存袋に入れて冷凍。冷蔵庫で自然解凍して食卓へ。

にんじんのナッツ蒸し

くるみのミルキー感がアクセントに。

⏱ 15分 　冷蔵 4日 　冷凍 1か月

●材料（4〜5人分）
- にんじん……………… 2本（400g）
- ピーマン……………………… 2個
- 塩、こしょう……………… 各少々
- くるみ………………………… 20g
- 酒、しょうゆ…………… 各小さじ2

●作り方
1. にんじん、ピーマンはせん切りにし、塩、こしょうをふる。くるみは包丁で細かく砕く。
2. 耐熱容器に1、酒を入れて混ぜ合わせ、ラップをして電子レンジ（600W）で3分加熱する。しょうゆをかけ、再びラップをして2分ほど蒸らす。

材料チェンジ
- はちみつ大さじ1 を酒と同じタイミングで
- ピーマン2個 ➡ 小松菜1束

にんじんのツナ炒め

ツナのおかげでにんじんがたっぷり食べられる！

⏱ 15分 　冷蔵 3日 　冷凍 1か月

●材料（4〜5人分）
- にんじん……………… 2本（400g）
- サラダ油………………… 大さじ1
- 塩、粗びき黒こしょう…… 各少々
- ツナ缶……………… 2缶（160g）
- しょうゆ………………… 小さじ1

●作り方
1. にんじんは細切りにする。
2. フライパンにサラダ油を強火で熱し、1を炒め、塩、粗びき黒こしょうをふる。
3. にんじんがしんなりしたら、油をきったツナ、しょうゆを加え、汁けがなくなるまで炒め合わせる。

材料チェンジ
- サラダ油大さじ1 ➡ バター20g
- にんじん2本 ➡ 玉ねぎ2個

4 野菜の作りおきおかず

① にんじん

作りおき食材 ②

キャベツ

芯の切り口が白く、葉がしっかり巻いてあって重量感のあるものが良質。使いかけのキャベツは、はがした外葉で包むように保存します。

作りおきに使う分量

½個（400g）

作りおき調理のポイント

- 余分な水分は絞り出しておく
- 炒め物は強火でしゃっきり仕上げる

キャベツ½個で作れるレシピ

- P102 キャベツの梅おかかあえ
- P103 キャベツとカニカマのコールスロー
- P103 キャベツと厚揚げのピリ辛炒め

さっぱり和風の梅おかかは酒の肴にもぴったり。

キャベツの梅おかかあえ

⏱ 15分　冷蔵 4日　冷凍 1か月

● 材料（4〜5人分）

キャベツ	½個（400g）
玉ねぎ	1個
梅干し	4個
A ポン酢しょうゆ	大さじ3
ごま油	大さじ2
かつお節	10g

● 作り方

1. キャベツはざく切りにし、玉ねぎは薄切りにする。
2. 耐熱容器に1を入れ、ラップをして電子レンジ（600W）で5分加熱し、水けを絞る。
3. 梅干しの種を取り除いて包丁でたたき、Aと混ぜ合わせて、2とあえる。

調味料使い回し

ポン酢しょうゆ

かけるだけで和風さっぱり味に。
→ P90 たらのポン酢蒸し
→ P106 ほうれん草のじゃこあえ

> カニカマ＆マヨは鉄板のおいしさ！

キャベツとカニカマのコールスロー

⏱10分 ｜ 冷蔵 3日 ｜ 冷凍 1か月

●材料（4~5人分）
キャベツ………… ½個（400g）
かに風味かまぼこ ……… 4本
塩 ………………… 小さじ1
A ┌ マヨネーズ …… 大さじ3
　└ 酢 ……………… 大さじ2

●作り方
1. キャベツは細切りし、塩をまぶしてしばらくおき、水けを絞る。
2. かに風味かまぼこは半分の長さに切り、手で裂いておく。
3. 1、2、Aを混ぜ合わせる。

材料チェンジ
- 粒マスタード大さじ2 をAにプラス
- キャベツ½個 ➡ にんじん2本

> キャベツと厚揚げで食べごたえ◎。

キャベツと厚揚げのピリ辛炒め

⏱15分 ｜ 冷蔵 3日 ｜ 冷凍 1か月

野菜の作りおきおかず ② キャベツ

●材料（4~5人分）
キャベツ………… ½個（400g）
厚揚げ …………………… 200g
ごま油 …………………… 大さじ1
A ┌ おろししょうが ……… 1片分
　├ しょうゆ、みりん … 各大さじ2
　├ 豆板醤 ……………… 小さじ1
　└ こしょう ……………… 少々

●作り方
1. キャベツはひと口大に切る。厚揚げは油抜きをし、1cm幅の色紙切りにする。
2. フライパンにごま油を強火で熱し、1を炒め、キャベツがしんなりとしたらAを加えて炒め合わせる。

材料チェンジ
- 豆板醤小さじ1 ➡ コチュジャン大さじ1
- キャベツ½個 ➡ ほうれん草1束

作りおき食材 ③

長ねぎ

白色と緑色の境目がはっきりしていて、ハリとツヤがあるものは良質。青くかたい部分は、魚や肉を調理するときに加えると臭い消しにも。

作りおきに使う分量

2本（200g）

作りおき調理のポイント
- 薄切りで食感を生かす
- じっくり加熱すると甘みが出る

長ねぎ2本で作れるレシピ

P104	長ねぎのたらこ煮	
P105	焼きねぎマリネ	
P105	長ねぎのザーサイ炒め	

> たらこだしが長ねぎによくからむ！

長ねぎのたらこ煮

⏱ 15分 ／ 冷蔵 3日 ／ 冷凍 1か月

●材料（4〜5人分）
- 長ねぎ………… 2本（200g）
- たらこ……………………… 1腹
- だし汁…………………… 300㎖
- みりん………………… 大さじ1

●作り方

1. 長ねぎは2cm長さに切り、たらこは薄皮をむき、ほぐしておく。
2. 鍋にだし汁、みりんを煮立て、1の長ねぎを加えて落としぶたをし、やわらかくなるまで中火で5分ほど煮る。
3. 2に1のたらこを加えて、汁けがなくなるまで煮つめる。

調理の早ワザ

たらこの薄皮むき　たらこの薄皮は一度冷凍してからむくと、するっとかんたんに手早くむける。1腹ずつラップに包んで冷凍しておくとよい。

> かんたんさっぱり
> すし酢でマリネ。

> ザーサイ＆長ねぎは
> おつまみに最適。

4 野菜の作りおきおかず

③ 長ねぎ

焼きねぎマリネ

⏰ 10分　冷蔵 4日　冷凍 1か月

●材料（4〜5人分）
長ねぎ………… 2本（200g）
A ┌ すし酢 ………… 大さじ4
　├ 塩 ……………… 小さじ½
　└ オリーブ油 …… 大さじ2

●作り方
1　長ねぎは4cm長さに切り、オーブントースターで焼き色がつくまで焼く。
2　ボウルにAを順に入れてそのつどよく混ぜ合わせ、1が熱いうちに漬け込む。

材料チェンジ
すし酢大さじ4 ➡ バルサミコ酢大さじ2
長ねぎ2本 ➡ エリンギ大4本

長ねぎのザーサイ炒め

⏰ 15分　冷蔵 4日　冷凍 1か月

●材料（4〜5人分）
長ねぎ………… 2本（200g）
にんじん……………… ¼本
ザーサイ……………… 50g
ごま油 ………………… 大さじ1
塩、こしょう ………… 各少々

●作り方
1　長ねぎは斜め薄切りにし、にんじん、ザーサイは細切りにする。
2　フライパンにごま油を強火で熱して1のにんじんを炒め、しんなりとしたら1の長ねぎを加えてさらに炒める。
3　2に1のザーサイを加え、塩、こしょうをふって炒め合わせる。

材料チェンジ
酢少々 を塩、こしょうと同じタイミングで
にんじん¼本 ➡ キャベツ¼個

作りおき食材④

ほうれん草

葉が肉厚で茎に弾力があるもの、根元の赤みが鮮やかなものは良質です。さっぱりした味つけも、クリーム系の味つけも合う、万能野菜です。

作りおきに使う分量

1束（300g）

作りおき調理のポイント

- さっとゆでてアク抜きを
- ゆでて水にさらして色止めをすると仕上がりがよい

ほうれん草1束で作れるレシピ

P106　ほうれん草のじゃこあえ

P107　ほうれん草のクリーム煮

P107　巣ごもり卵

香ばしいじゃことごま油の風味で箸がすすむ！

ほうれん草のじゃこあえ

⏰10分　冷蔵 4日　冷凍 1か月

●材料（4〜5人分）

ほうれん草 …… 1束（300g）

A ┃ ちりめんじゃこ …… 20g
　 ┃ ポン酢しょうゆ …… 大さじ2
　 ┃ ごま油 …………… 大さじ1
　 ┃ 白いりごま ……… 大さじ1

●作り方

1　ほうれん草はさっとゆでて水にさらし、水けをよく絞って5cm長さに切る。

2　ボウルにA、1を入れてあえる。

保存の名人アドバイス

使いやすい分量に分けてラップにぴっちり包み、保存袋に入れて冷凍。電子レンジでしっかり加熱して解凍する。

ほうれん草のクリーム煮

> やさしい味わいのあったかクリーム煮。

⏱ 15分 / 冷蔵 3日 / 冷凍 1か月

● 材料（4〜5人分）
- ほうれん草…1束（300g）
- スイートコーン缶………大さじ2
- バター………10g
- 小麦粉………大さじ2
- 牛乳………200mℓ
- コンソメスープの素（顆粒）………小さじ2
- 塩、こしょう……各少々

● 作り方
1. ほうれん草は5cm長さに切る。
2. フライパンにバターを溶かし、1、スイートコーンを入れて炒め、ほうれん草がしんなりとしたら火を止め、小麦粉をふり入れる。
3. 2を再び弱火にかけて粉っぽさがなくなるまで炒め、牛乳を少しずつ加えてのばし、とろみがついたら、コンソメスープの素を加え、塩、こしょうで味を調える。

保存の名人アドバイス 
シリコンカップに汁ごと小分けにして、中身がこぼれないように保存袋に入れて冷凍。電子レンジで温めて解凍する。

巣ごもり卵

> 黄身をからめていただきます！

⏱ 15分 / 冷蔵 2日 / 冷凍 1か月

● 材料（4人分）
- ほうれん草……1束（300g）
- バター………10g
- 塩、こしょう………各少々
- 卵………4個

● 作り方
1. ほうれん草はさっとゆでて水にさらし、水けをよく絞って2cm長さに切る。
2. ココット4個にバターを塗ってほうれん草を敷き、くぼみを作って、塩、こしょうをふる。
3. 2のくぼみに卵を割り入れ、オーブントースターで5分ほど焼く。

材料チェンジ
- **しょうゆ** or **トマトケチャップ** を食べるときにかけて
- **ミックスチーズ** をのせて焼いて

---

4 野菜の作りおきおかず ④ほうれん草

作りおき食材 ⑤

玉ねぎ

上の真ん中がかたくしっかりした手触りで皮に光沢があるものが良質です。皮をむいて冷蔵庫で冷やし、手早く刻むと目にしみません。

作りおきに使う分量

2個（400g）

作りおき調理のポイント

- じっくり火を通すと甘みが出る
- 大きめに切って食感を出す

玉ねぎ2個で作れるレシピ

P108　玉ねぎのゆずこしょう焼き

P109　玉ねぎとじゃこの炒め物

P109　玉ねぎと麩の煮びたし

甘い玉ねぎにゆずこしょうがきく！

玉ねぎのゆずこしょう焼き

15分　冷蔵 4日　冷凍 1か月

●材料（4～5人分）

玉ねぎ	2個（400g）
サラダ油	適量
A［ポン酢しょうゆ	大さじ2
ゆずこしょう	小さじ2/3

●作り方

1　玉ねぎは6等分のくし形切りにする。

2　フライパンに薄くサラダ油をひき、1を並べ入れて中火で焼く。

3　焼き色がついたら裏返し、ふたをして弱火で蒸し焼きにし、Aを加えて強火で味をからめる。

材料チェンジ

- サラダ油適量 ➡ ごま油適量
- 玉ねぎ2個 ➡ もやし2袋

玉ねぎとじゃこの炒め物

じゃこと香ばしく炒めました。

⏱ 15分 ｜ 冷蔵 4日 ｜ 冷凍 1か月

● 材料（4～5人分）
- 玉ねぎ……2個（400g）
- ちりめんじゃこ……20g
- ピーマン……2個
- サラダ油……大さじ2
- 塩……小さじ½
- こしょう……少々
- しょうゆ……小さじ2

● 作り方
1. 玉ねぎは2cm角に、ピーマンは1cm角に切る。
2. フライパンにサラダ油を中火で熱し、1の玉ねぎ、ちりめんじゃこを炒め、玉ねぎが透き通ったら1のピーマンを加えて炒める。
3. 塩、こしょうで味を調え、しょうゆを鍋肌から回し入れて炒め合わせる。

材料チェンジ
- サラダ油大さじ2 ➡ ごま油大さじ2
- 油揚げ（細切り）をピーマンと同じタイミングで

玉ねぎと麩の煮びたし

やわらか玉ねぎを楽しんで。

⏱ 15分 ｜ 冷蔵 4日 ｜ 冷凍 1か月

ちょいかえ！ 玉ねぎと麩の卵とじ
鍋に玉ねぎと麩の煮びたしを汁ごと入れ、溶き卵を加えて火を通すだけ。

● 材料（4～5人分）
- 玉ねぎ……2個（400g）
- 車麩……4個
- A: だし汁……400㎖／しょうゆ、みりん……各大さじ3／砂糖……小さじ2

● 作り方
1. 玉ねぎはくし形切りにする。車麩は水でもどして軽く水けを絞り、4等分に切る。
2. 鍋にAを入れて煮立たせ、1を加えて弱火にし、玉ねぎがやわらかくなるまで10分ほど煮込む。

あまったら冷凍！
保存袋に入れて、冷凍すれば長持ち。凍ったまま料理に使える。

---

4 野菜の作りおきおかず ⑤ 玉ねぎ

作りおき食材 ⑥

なす

ツヤがありヘタのトゲが痛いくらいかたいものが新鮮です。
味がしみ込みやすいので、うまみの多い食材と組み合わせると◎

作りおきに使う分量

3本（210g）

作りおき調理のポイント

- 水にさらしてアク抜きを
- 油と相性がいいので油は多めに使って

なす3本で作れるレシピ

P110	なすとおかかベーコン
P111	焼きなすの香味漬け
P111	なすの塩こうじあえ

> うまみがしみ込んだなすがおいしい！

なすとおかかベーコン

⏲ 10分　冷蔵 3日　冷凍 1か月

● 材料（4～5人分）
- なす……3本（210g）
- ベーコン……4枚
- A
  - しょうゆ……大さじ1½
  - かつお節……15g

● 作り方

1. なすは薄切りにして水にさらし、水けをきる。ベーコンは1cm幅に切る。
2. 耐熱容器に1、Aを入れて混ぜ、ラップをして電子レンジ（600W）で3分30秒加熱する。

調味料使い回し　かつお節

仕上げに加えると和のうまみがアップ。
➡ P102 キャベツの梅おかかあえ
➡ P115 大根の和風炒め

> 炒めたなすが甘辛たれにぴったり！

> 箸が止まらないあっさりあえ物。

4 野菜の作りおきおかず ⑥ なす

焼きなすの香味漬け

⏲ 15分　冷蔵 4日　冷凍 1か月

● 材料（4〜5人分）
- なす……………… 3本（210g）
- しょうが…………………… 1片
- 長ねぎ……………………… ½本
- サラダ油………………… 大さじ3
- A
  - しょうゆ、酢…… 各大さじ3
  - 砂糖………………… 小さじ2
  - 赤唐辛子（輪切り）…… 1本分

● 作り方
1. なすは乱切りにする。しょうが、長ねぎはみじん切りにする。
2. フライパンにサラダ油を中火で熱し、1を入れて炒める。熱いうちに合わせたAに漬け込む。

調理の早ワザ　長ねぎのみじん切り
フォークで縦に筋をつけてから包丁で刻むと、手早くかんたんに仕上がる。

なすの塩こうじあえ

⏲ 10分　冷蔵 5日　冷凍 1か月

● 材料（4〜5人分）
- なす……………… 3本（210g）
- ズッキーニ………………… 1本
- 塩………………………… 小さじ1
- 塩こうじ………………… 大さじ1

● 作り方
1. なす、ズッキーニは縦半分にして薄切りにし、塩をふってもみ、しんなりとするまでおく。
2. 1の水けをしっかりと絞り、塩こうじを加えてよく混ぜる。

材料チェンジ
- **練り辛子** を塩こうじと同じタイミングで
- ズッキーニ1本 ➡ きゅうり2本

作りおき食材 ⑦

ごぼう

断面に空洞がなく弾力があり、太い部分が黒ずんでいないものを。独特の風味とシャキシャキとした食感を生かした料理に。

作りおきに使う分量

2本（400g）

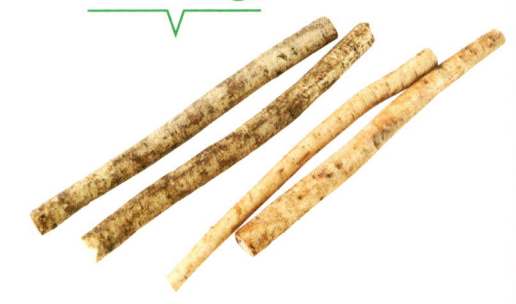

作りおき調理のポイント

- 皮は薄くこそげる程度にして
- 水けをよくきってシャキッと仕上げる

ごぼう2本で作れるレシピ

P112	たたきごぼう
P113	ごぼう南蛮
P113	ごぼうの青のりまぶし

香ばしいごまがよくからみ食感も楽しい一品。

たたきごぼう

⏱ 10分　冷蔵 4日　冷凍 1か月

● 材料（4〜5人分）
ごぼう………… 2本（400g）
A ［ 白すりごま …… 大さじ4
　　 白だし ………… 大さじ3
　　 酢、砂糖 …… 各大さじ2 ］

● 作り方
1. ごぼうは皮をこそげて5cm長さに切る。
2. 鍋に湯を沸かし、酢少々（分量外）と1を加えて5分ほどゆでて水けをきり、めん棒でたたく。
3. ボウルにAを入れてよく混ぜ合わせ、2を熱いうちに加えてあえる。

調理の早ワザ

ごぼうをたたく：ごぼうをポリ袋に入れてからめん棒でたたくと、周囲に飛び散らず後始末もラクチン。

⑦ ごぼう

野菜の作りおきおかず

ごぼう南蛮

> カリカリごぼうがあと引くおいしさ。

⏱ 15分　冷蔵 4日　冷凍 1か月

●材料（4〜5人分）
- ごぼう……2本（400g）
- 片栗粉………大さじ3
- サラダ油………大さじ3
- A [しょうゆ、砂糖……各大さじ3 / 酢……大さじ1½]
- 白いりごま……大さじ1

●作り方
1. ごぼうは皮をこそげ、8mm厚さの輪切りにして水にさらし、ペーパータオルで水けをよくふき取る。
2. 1をポリ袋に入れ、片栗粉を加えてまぶす。
3. フライパンにサラダ油を中火で熱し、2を入れて、フライパンをゆすりながら、カリカリになるまで炒める。
4. 3にAを加えて炒め、白いりごまをふってさっとからめる。

調理の早ワザ
ごぼうの皮むき：ごぼうの皮はアルミホイルを丸めて、皮をこするようにすると手早くむける。

ごぼうの青のりまぶし

> 青のりの風味が食欲をそそる！

⏱ 10分　冷蔵 4日　冷凍 1か月

●材料（4〜5人分）
- ごぼう…………2本（400g）
- サラダ油…………大さじ1
- しょうゆ…………大さじ1
- 青のり……………大さじ2

●作り方
1. ごぼうは皮をこそげてささがきにし、水にさらして水けをよくきる。
2. フライパンにサラダ油を強火で熱して1をじっくりと炒め、しょうゆ、青のりを加えて炒め合わせる。

調味料使い回し
青のり：しょうゆやソースとともに使い、さっとひとふりすると、磯の香りがプラスされて味に深みが出る。

作りおき食材 ⑧

大根

太くて、ひげ根が出ていないものを。茎に近い部分は甘みがあり生食に、真ん中はやわらかいので煮物に合います。

作りおきに使う分量

1/4本（200g）

作りおき調理のポイント

- 皮は厚めにむく
- 冷まして味をしみ込ませる
- 厚めに切って食感を出す

大根1/4本で作れるレシピ

P114　大根のみそ漬け

P115　大根の和風炒め

P115　大根のカレーピクルス

食卓にあるとうれしい和の定番箸休め。

大根のみそ漬け

⏱ 10分　冷蔵 5日　冷凍 1か月

● 材料（4～5人分）

大根 ………… 1/4本（200g）

A ┌ みそ ………… 大さじ3
　├ 砂糖 ………… 小さじ2
　└ おろししょうが …… 1片分

● 作り方

1 大根は皮をむき、1cm厚さのいちょう切りにする。

2 保存袋にAを入れて混ぜ、1を加えてもみ込み、冷蔵庫で半日～1日ほど漬け込む。

保存の名人アドバイス

生の大根は冷凍には不向きだが、漬け物にすると食感は変わらずOK。小分けにしてラップに包み、保存袋に入れて冷凍。

田舎風の
ほっとなごむ味。

みずみずしい大根を
いつもとは違う
ピクルスに。

4 野菜の作りおきおかず
⑧ 大根

大根の和風炒め

⏰ 15分　冷蔵 4日　冷凍 1か月

●材料（4〜5人分）

大根 ………………… ¼本（200g）
ごま油 ………………… 大さじ2
和風だしの素（顆粒）…… 小さじ2½
しょうゆ ……………… 小さじ1
かつお節 ……………… 3g

●作り方

1 大根は皮をむき、拍子木切りにする。

2 フライパンにごま油を中火で熱し、1を炒める。

3 大根が透き通ってきたら、和風だしの素、しょうゆを加えて焼き色がつくまで炒め、かつお節を加えて炒め合わせる。

材料チェンジ
● 赤唐辛子（輪切り）をごま油と同じタイミングで
● 長ねぎ（みじん切り）をごま油と同じタイミングで

大根のカレーピクルス

⏰ 15分　冷蔵 5日　冷凍 1か月

●材料（4〜5人分）

大根 ………………… ¼本（200g）
A ┌ カレー粉 ……… 大さじ½
　│ 水、酢 ……… 各100㎖
　│ 塩 …………… 小さじ⅓
　└ 砂糖 ………… 小さじ½

●作り方

1 大根は皮をむき、2cm角に切る。

2 小鍋にAを入れ、中火で煮立たせて火を止め、1を加えて冷蔵庫で半日〜1日ほど漬ける。

材料チェンジ
● ローリエの葉 をAにプラス
● 大根¼本 ➡ カリフラワー1株

作りおき食材 ⑨

さつまいも

ひげ根の穴が浅めで少なく、ふっくらとしたものが良質です。
甘い食材ですが、しょっぱい味つけにすればおかずにもぴったりです。

作りおきに使う分量

1本（200g）

作りおき調理のポイント

- 水にさらしアクと表面のでんぷん質を取る
- よく洗えば皮つきのまま調理もOK

さつまいも1本で作れるレシピ

- P116　さつまいものマスタードサラダ
- P117　さつまいものペペロンチーノ
- P117　さつまいもの塩バター煮

からしマヨとさつまいもの甘さがやみつき！

さつまいものマスタードサラダ

⏰ 15分　冷蔵 3日　冷凍 1か月

● 材料（4〜5人分）

さつまいも	1本（200g）
ロースハム	3枚
A　マヨネーズ	大さじ2
マスタード	大さじ2
レモン汁	小さじ2
塩、粗びき黒こしょう	各少々

● 作り方

1. さつまいもは皮をむいてひと口大に切り、水にさらして水けをきる。耐熱容器に入れてラップをし、電子レンジ（600W）で5分加熱する。
2. 1をフォークなどで粗めにつぶす。ロースハムは1cmの角切りにして加える。
3. 2にAを入れてあえる。

調味料使い回し

マスタード

マヨネーズと合わせたり、肉やハム、ソーセージに添えると味のアクセントに。
➡P138 ロールサンド

⑨ 野菜の作りおきおかず さつまいも

さつまいものペペロンチーノ

> 一風変わったワインのつまみに。

⏱ 15分　冷蔵 3日　冷凍 1か月

●材料（4～5人分）
- さつまいも……………1本（200g）
- にんにく………………1片
- 赤唐辛子（輪切り）……1½本分
- オリーブ油……………大さじ2
- 塩………………………小さじ1

●作り方
1. さつまいもは皮つきのまま拍子木切りにする。にんにくはみじん切りにする。
2. フライパンにオリーブ油、1のにんにく、赤唐辛子を入れて中火にかけ、香りが立ったら1のさつまいもを加えてさっと炒める。
3. 2に塩をふり、さつまいもがしんなりとするまでさらに炒める。

材料チェンジ
- パセリ（みじん切り）を仕上げにプラス
- 黒オリーブ（輪切り）をさつまいもと同じタイミングで

さつまいもの塩バター煮

> バター＆さつまいもでデザートにも！

⏱ 20分　冷蔵 3日　冷凍 1か月

●材料（4～5人分）
- さつまいも……………1本（200g）
- A｜水……………………250mℓ
- 　｜砂糖…………………大さじ1
- 　｜塩……………………小さじ½
- バター…………………30g

●作り方
1. さつまいもは皮つきのまま乱切りにし、水にさっとさらして水けをきる。
2. 鍋にAを入れて火にかけ、1を加えて中火でやわらかくなるまで煮る。
3. 2にバターを加え、中火で5分ほど煮からめる。

保存の名人アドバイス
小分けで解凍して使えるよう、重ならないように保存袋に入れ、空気を抜いて冷凍。

作りおき食材 ⑩

かぼちゃ

ヘタが枯れて周りがくぼんでいるものが熟している証拠。
クリーミーな甘みが特徴で、和風から洋風まで使いやすい食材です。

作りおきに使う分量

1/4個（250g）

作りおき調理のポイント

- パサパサにならないように汁けのある料理に
- 細切りならさっと炒めて◎

かぼちゃ1/4個で作れるレシピ

P118　かぼちゃのいとこあえ

P119　かぼちゃのスイートサラダ

P119　かぼちゃのナムル

甘党さんにうれしい超かんたん料理。

ちょいかえ！

かぼちゃ茶巾
ひと口大ほどの量をラップに包み、つぶして丸める。チーズを入れても。

かぼちゃのいとこあえ

⏱10分　冷蔵 3日　冷凍 1か月

●材料（4〜5人分）
かぼちゃ……… 1/4個（250g）
ゆで小豆缶…………… 130g

●作り方
1　かぼちゃは種を取り除いてひと口大に切り、耐熱容器に入れてラップをし、電子レンジ（600W）で5分加熱する。
2　1にゆで小豆を加えて軽く混ぜる。

保存の名人アドバイス

小分けに解凍できるよう、保存袋の中でかぼちゃをそれぞれ離すようにして冷凍。

⑩ かぼちゃ　野菜の作りおきおかず　4

かぼちゃのスイートサラダ

「さわやかな甘みがクセになる！」

⏱ 10分　冷蔵 3日　冷凍 1か月

●材料（4〜5人分）
かぼちゃ……… ¼個（250g）
A ┃ ヨーグルト、マヨネーズ……… 各大さじ2
　 ┃ はちみつ……… 大さじ1
　 ┃ レーズン……… 大さじ1
　 ┃ 塩、こしょう……… 各少々

●作り方
1. かぼちゃは種を取り除いてひと口大に切り、耐熱容器に入れてラップをし、電子レンジ（600W）で5分加熱する。
2. 1を粗めにつぶし、Aを加えて軽く混ぜる。

材料チェンジ
- シナモンパウダー を仕上げにプラス
- かぼちゃ¼個 ➡ さつまいも1本

かぼちゃのナムル

「ナムルの味つけがあとを引くおいしさです。」

⏱ 10分　冷蔵 3日　冷凍 1か月

●材料（4〜5人分）
かぼちゃ……… ¼個（250g）
ごま油……… 大さじ2
A ┃ 白いりごま……… 大さじ3
　 ┃ しょうゆ……… 大さじ1
　 ┃ 砂糖……… 小さじ1
　 ┃ おろしにんにく……… 小さじ1

●作り方
1. かぼちゃは種を取り除いて拍子木切りにし、熱湯で1分半〜2分ほど、かためにゆでる。
2. 1とごま油をあえ、Aを加えてよく混ぜる。

材料チェンジ
- しょうゆ大さじ1 ➡ ポン酢しょうゆ大さじ1
- かぼちゃ¼個 ➡ ほうれん草½束

作りおき食材 ⑪

大豆（水煮）

和風煮物以外にも、実はさまざまな料理に活用できる食材。
小分けにしやすく、冷凍しても味が落ちにくいので保存向きです。

作りおきに使う分量

200g

作りおき調理のポイント

- じっくり味を煮ふくめる
- 市販の水煮大豆は一度お湯でゆでる

大豆（水煮）200gで作れるレシピ

- P120　昆布豆
- P121　大豆のソースマリネ
- P121　大豆のチリコンカン

誰もが大好きな
ほっとなごむ常備菜。

昆布豆

⏱ 25分 ／ 冷蔵 4日 ／ 冷凍 1か月

● 材料（4〜5人分）

大豆（水煮）	200g
昆布	10cm
しょうが	1片
A｜水	300㎖
｜砂糖、みりん	各大さじ1
｜しょうゆ	大さじ1½

● 作り方

1. 昆布は水（分量外）にぬらしてやわらかくし、1cm角に切る。しょうがはせん切りにする。
2. 鍋に大豆、1、Aを入れて中火にかけ、15分ほど汁けがなくなるまで煮つめる。

保存の名人アドバイス

時間がたつほど昆布のうまみがしみて味がまろやかに。**冷蔵保存の常備菜でどうぞ。**

⑪ 大豆（水煮）

4 野菜の作りおきおかず

大豆のソースマリネ

> ひょいひょいつまめる変わりマリネ。

⏱ 10分 ／ 冷蔵 4日 ／ 冷凍 1か月

●材料（4〜5人分）
大豆（水煮）……… 200g
A ┃ 酢 …………………… 大さじ2
　 ┃ ウスターソース …… 大さじ1
　 ┃ サラダ油 …………… 大さじ1
　 ┃ コンソメスープの素（顆粒）
　 ┃ 　　　　　　　　　 小さじ1/3
　 ┃ 塩、こしょう ……… 各少々

●作り方
1 大豆を熱湯でさっとゆで、水けをきる。
2 混ぜ合わせたAに、1を加えてあえる。

調味料使い回し
ウスターソース
隠し味にすると味に深みが出る。
➡ P16 キーマカレー
➡ P42 レンジミートソース

大豆のチリコンカン

> おなじみの大豆をメキシコ料理風にアレンジ。

チリドッグ ホットドッグ用のパンに焼いたソーセージといっしょにはさんで。 ちょいかえ！

⏱ 25分 ／ 冷蔵 4日 ／ 冷凍 1か月

●材料（4〜5人分）
大豆（水煮）……… 200g
ウインナーソーセージ …… 6本
玉ねぎ ……………………… 1/2個
にんじん …………………… 1/2本
にんにく …………………… 1片
オリーブ油 ………… 大さじ1
A ┃ カットトマト缶 …… 1缶
　 ┃ 水 ……………………… 100㎖
　 ┃ コンソメスープの素（顆粒）… 小さじ2
　 ┃ 塩 …………………… 小さじ1/3
　 ┃ こしょう …………… 少々

●作り方
1 ウインナーソーセージは5mm幅の輪切りに、玉ねぎ、にんじんは1cm角に切る。にんにくはみじん切りにする。
2 鍋にオリーブ油を中火で熱し、1の玉ねぎとにんにくを炒め、1のにんじんとウインナーソーセージを加えてさらに軽く炒める。
3 2に大豆、Aを加えて中火で15分ほど煮る。

あまったら冷凍！
保存袋に入れ、つぶしながら平らにして空気を抜き冷凍。そのまま加熱調理を。

作りおき食材 ⑫

切り干し大根

シャキシャキとした食感で、アイデア次第で幅広く活用できる食材。水につければすぐにもどるので扱いやすい！

作りおきに使う分量

30g

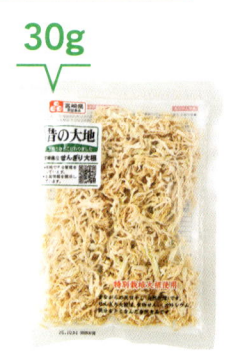

作りおき調理のポイント

- さっともどして食感を生かして
- よい味がしみ込んだもどし汁はだしに活用

切り干し大根30gで作れるレシピ

P122	切り干し大根のごまあえ	
P123	切り干しナポリタン	
P123	切り干し大根の卵焼き	

> シャキシャキ食感の切り干し大根をさっぱり味でどうぞ。

切り干し大根のごまあえ

⏱ 10分　冷蔵 4日　冷凍 1か月

● 材料（4〜5人分）

切り干し大根 …………… 30g
ほうれん草 ……………… 1束
白すりごま ……………… 大さじ3
ポン酢しょうゆ ………… 大さじ3

● 作り方

1. 切り干し大根はぬるま湯でさっともどし、水けをきってざく切りにする。
2. ほうれん草はラップに包んで電子レンジ（600W）で1分加熱し、流水にさらし、水けを絞って3〜4cm長さに切る。
3. ボウルに1、2、白すりごま、ポン酢しょうゆを入れてよくあえる。

材料チェンジ

- ポン酢しょうゆ大さじ3 ➡ 白だし大さじ3
- 刻みのり or かつお節 をあえるときにプラス

⑫ 切り干し大根 — 野菜の作りおきおかず ４

切り干しナポリタン

懐かしの味!? アイデアナポリタン。

⏱15分 / 冷蔵3日 / 冷凍1か月

● 材料（4～5人分）
- 切り干し大根 …… 30g
- 水 …… 100mℓ
- ベーコン …… 2枚
- エリンギ …… 1本
- ピーマン …… 1個
- にんにく（みじん切り） …… ½片分
- A［ トマトケチャップ …… 大さじ2 / 塩、こしょう …… 少々 ］
- オリーブ油 …… 小さじ1

● 作り方
1. 切り干し大根は水でもどし、水けをきってざく切りにし、もどし汁は取っておく。
2. ベーコンは1cm幅に、エリンギは長さを半分にして薄切りに、ピーマンは細切りにする。
3. フライパンにオリーブ油を強火で熱し、にんにく、2のベーコンを炒め、1の切り干し大根、2のエリンギとピーマンを加えてさらに炒める。
4. 3に1のもどし汁、Aを加えて、汁けがなくなるまで炒め煮にする。

切り干し大根の卵焼き

切り干し大根でボリュームアップ！

⏱20分 / 冷蔵2日 / 冷凍1か月

● 材料（4～5人分）
- 切り干し大根 …… 30g
- 万能ねぎ …… 4本
- 卵 …… 4個
- A［ 砂糖、みりん …… 各大さじ1 / 塩 …… 小さじ¼ ］
- サラダ油 …… 大さじ1

● 作り方
1. 切り干し大根はぬるま湯でさっともどし、水けをきってざく切りにする。フライパンにサラダ油を半量熱して切り干し大根を炒め、取り出しておく。
2. 卵を溶きほぐし、冷ました1、小口切りにした万能ねぎ、Aを加えてよく混ぜる。
3. フライパンに残りのサラダ油を熱し、2を流し入れて菜箸で混ぜ、ふたをして弱火で4～5分焼き、裏返して焼き色がつくまで焼く。

材料チェンジ
- 七味唐辛子 をAにプラス
- 油揚げ（細切り）を万能ねぎと同じタイミングで

冷凍ストックしておくと便利な野菜

トマト

ヘタがあざやかな緑色のものが新鮮。丸みがあり、ずっしり重く皮にハリとツヤがあるものを選んで。

冷蔵保存するときは… 冷蔵 4日

トマトからエチレンガスが出て、ほかの野菜が熟し過ぎることも。1個ずつ袋に入れて、ヘタを上にして冷蔵庫へ。

冷凍ストック！

丸ごとトマト 生 で 冷凍 1か月

●作り方（トマト2個分）

丸ごと保存袋へ。解凍法は流水にさらして解凍するか、凍ったまますりおろしてもOK。煮込み料理や炒め物に。すりおろしてトマトソースにするのもおすすめ。

冷凍すると皮がつるっとむける。水をはったボウルの中や流水にあてながらむいて。

混ぜるだけ！ トマトそうめん 10分

●材料（2人分）

- 丸ごとトマト ……………… 1個
- めんつゆ（2倍希釈タイプ） ……………… 100mℓ
- そうめん ……………… 200g
- 納豆 ……………… 2パック
- 青じそ（せん切り） ……………… 4枚分

●作り方

1. 丸ごとトマトは凍ったまますりおろし、めんつゆと混ぜる。
2. そうめんをゆでて流水で洗い、水けをきる。
3. 2を器に盛り、添付のたれを加えて混ぜた納豆をのせ、1をかけ、青じそを散らす。

すりおろすだけ！ トマトシャーベット 10分

●材料（2〜3人分）

- 丸ごとトマト ……………… 2個
- レモン汁 ……………… 小さじ½
- はちみつ ……………… 適量
- ミントの葉 ……………… 適量

●作り方

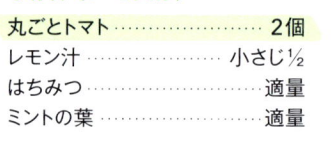

1. 丸ごとトマトを5分ほど常温で放置し、すりおろす。
2. 1を器に盛り、レモン汁、はちみつをかけ、好みでミントの葉を飾る。

きゅうり

イボがとがっていて、表面にハリと弾力があるもの、お尻がとがっていないものが新鮮。

冷蔵保存するときは… 冷蔵 4日

きゅうりは冷やし過ぎると格段に質が落ちてしまうので、水けをよくふき取り、ポリ袋に入れて封をせずに冷蔵庫へ。

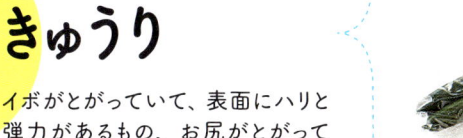

冷凍ストック！ 塩もみきゅうり　生で　冷凍1か月

●作り方（きゅうり2本分）

小口切りにし、塩（小さじ1/3）でもみ、小分けにしてラップで包み、保存袋へ。
解凍法は冷蔵庫で自然解凍。
サラダや料理の添え物に使うと、さわやかな食感が引き立つ。

そのままの冷凍はNG。塩もみをして水分を出すと、解凍しても同じような食感。

あえるだけ！ マカロニサラダ　15分

●材料（2人分）

塩もみきゅうり	1/2本分
マカロニ	100g
ロースハム	2枚
A　マヨネーズ	大さじ3
塩、こしょう	各少々

●作り方

1 マカロニは表示通りにゆで、あら熱を取る。
2 ロースハムは短冊切りにし、解凍した塩もみきゅうりは水けを絞る。
3 1、2、Aをあえる。

混ぜるだけ！ お手軽ちらし　10分

●材料（2人分）

塩もみきゅうり	1/2本分
ごはん	400g
すし酢	大さじ3
A　鮭フレーク	60g
白いりごま	大さじ1
錦糸卵	適量

●作り方

1 温かいごはんにすし酢を加えて混ぜ、あら熱を取る。
2 解凍した塩もみきゅうりは水けを絞り、A、1と混ぜ合わせ、錦糸卵をのせる。

冷凍ストックしておくと便利な野菜

パプリカ

軸が変色していないものが新鮮。色ムラがなくハリと弾力があり、ずっしり重いものが良質。

冷蔵保存するときは… 冷蔵 1週間

パプリカはいたみやすいので、水けをよくふき取り、乾燥しないよう1個ずつポリ袋に入れて冷蔵庫へ。

冷凍ストック！ くし切りパプリカ 生で 冷凍1か月

●作り方（パプリカ赤黄各1個分）

縦半分に切り、ヘタと種を取り、1cm幅のくし形に切る。保存袋に入れて空気を抜く。
解凍法は冷凍のまま調理もOK。生で食べる場合は流水にさらして解凍か、冷蔵庫で自然解凍。
主に洋風料理で、彩りがほしいときに重宝。

霜がつくといたみやすくなるので、パプリカを切ったときに出る水はよくふき取る。

チンするだけ！ パプリカのケチャップラタトゥイユ ⏰ 10分

●材料（2〜3人分）
- くし切りパプリカ（赤・黄）…各½個分
- 玉ねぎ……………………………1個
- ウインナーソーセージ…………3本
- A
  - トマトケチャップ……大さじ2½
  - オリーブ油………………小さじ1
  - 塩……………………………少々
- バジル（好みで）………………適量

●作り方
1. 玉ねぎは1cm幅のくし形切りに、ウインナーソーセージは斜め切りにする。
2. 1、凍ったままのくし切りパプリカ、Aを耐熱容器に入れてラップをし、電子レンジ（600W）で6分加熱する。好みでバジルをちぎって散らす。

焼くだけ！ パプリカのオープンオムレツ ⏰ 15分

●材料（2〜3人分）
- くし切りパプリカ（赤・黄）…各½個分
- A
  - 卵……………………………3個
  - 牛乳、粉チーズ…各大さじ1
  - 塩、こしょう、砂糖…各少々
- バター……………………………大さじ1
- パセリ（みじん切り）……………少々
- トマトケチャップ………………適量

●作り方
1. 凍ったままのくし切りパプリカは1cm幅に切り、混ぜ合わせたAに加える。
2. 小さめのフライパンにバターを溶かし、1を流し入れて箸でかき混ぜ、ふたをして弱火で蒸し焼きにする。
3. 食べやすい大きさに切って器に盛り、パセリを散らし、トマトケチャップを添える。

アボカド

ヘタが乾いていて、皮の色が黒く、触ったときに少し弾力のあるものが、熟していて食べごろ。

冷蔵保存するときは… 冷蔵 4日

未熟なうちは常温で。半分だけ使う場合は種をつけたまま、変色を防ぐためにレモン汁をかけてラップに包み、冷蔵庫へ。

冷凍ストック！ つぶしアボカド 生で 冷凍1か月

● 作り方（アボカド2個分）

皮と種を取り、保存袋の中で押しつぶし、平らにして空気を抜く。袋の上から菜箸で筋をつけると、解凍するときに小分けに使えて便利。
解凍法は冷蔵庫で自然解凍。ディップにしたり、料理にまろやかなコクをプラスする食材として。

アボカドは押しつぶし、ペースト状にして冷凍すると、解凍しやすく使いやすい。

のせるだけ！ アボカドやっこ　5分

● 材料（2人分）
- つぶしアボカド……½個分
- 絹ごし豆腐……½丁
- プチトマト……2個
- A [しょうゆ……大さじ1
     練りわさび……適量]
- オリーブ油……小さじ2

● 作り方
1. つぶしアボカドは解凍する。絹ごし豆腐は半分に切り、プチトマトは4等分に切る。
2. 絹ごし豆腐の上に、つぶしアボカド、プチトマトをのせ、混ぜ合わせたA、オリーブ油をかける。

焼くだけ！ カニカマとアボカドのチーズ焼き　10分

● 材料（2～3人分）
- つぶしアボカド……2個分
- かに風味かまぼこ……8本
- マヨネーズ……小さじ2
- ミックスチーズ……40g
- 粗びき黒こしょう……少々

● 作り方
1. つぶしアボカドは解凍し、手で裂いたかに風味かまぼこ、マヨネーズと混ぜて耐熱容器に入れる。
2. 1にミックスチーズをのせて、オーブントースターでチーズが溶けるまで焼き、粗びき黒こしょうをふる。

冷凍ストックしておくと便利な野菜

グリーンアスパラガス

穂先が締まってしおれていないもの、切り口が変色しておらず割れていないものを選んで。

冷蔵保存するときは… 冷蔵 3日

ポリ袋に入れ、横にすると味が落ちてしまうため、穂先を上にして立てて冷蔵庫へ。

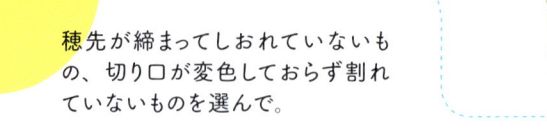

冷凍ストック！ ゆでアスパラガス 〔ゆでて〕 冷凍 1か月

●作り方（グリーンアスパラガス8本分）

根元の皮をむき、15秒ほど塩ゆでに。水けをふき取り、ラップに2〜3本ずつ包み、保存袋へ。解凍法は冷蔵庫で自然解凍か、電子レンジで解凍。冷凍のまま調理もOK。料理に使う際は最後に投入してサッと加熱する。

根元の筋ばったかたい皮をピーラーで引くと、下の方までおいしく食べられる。

あえるだけ！ アスパラのピーナッツバターあえ　5分

●材料（2人分）
ゆでアスパラガス……6本
A［ピーナッツバター（チャンクタイプ）……大さじ1½
　しょうゆ……小さじ⅔］

●作り方
1 ゆでアスパラガスは斜め切りにし、電子レンジで半解凍して水けをよくふき取る。
2 Aをよく混ぜ合わせ、1とあえる。

焼くだけ！ アスパラのマスタードグリル　10分

●材料（2人分）
ゆでアスパラガス……6本
A［マヨネーズ……大さじ1
　粒マスタード……大さじ½］

●作り方
1 ゆでアスパラガスは凍ったまま半分に切り、耐熱容器にのせる。
2 Aを混ぜ合わせて1にかけ、オーブントースターで焼き色がつくまで7分ほど焼く。

ブロッコリー&カリフラワー

両方ともに、つぼみの粒がぎっしりつまっていて、こんもり盛りあがっているものが新鮮。

冷蔵保存するときは… 冷蔵 3日
ポリ袋に入れて空気を抜いて封をし、立てて冷蔵庫へ。

4 野菜の作りおきおかず

冷凍ストック野菜 アスパラガス・ブロッコリー&カリフラワー

冷凍ストック！ ゆでブロッコリー&カリフラワー

ゆでて 冷凍 1か月

●作り方（ブロッコリー、カリフラワー各1株分）

それぞれ小房に分け、茎は皮をむいて短冊切りにし、15秒ほど塩ゆでに。水けをきり、保存袋へ。解凍法は冷蔵庫で自然解凍か、電子レンジで解凍。食感と色合いを保つため、解凍後そのまま盛りつけるかサッと火を通す料理に。

茎の部分は皮がかたいが、厚く皮をむけば中身は食感がよくおいしい部分。

チンするだけ！ 温野菜ディップ

⏱ 5分

●材料（2人分）
ゆでブロッコリー&カリフラワー ……… 各¼株分（各60g）
A ┌ ツナ缶 ……………………… 1缶（80g）
　│ マヨネーズ ………………… 大さじ2
　│ 牛乳 ………………………… 小さじ1
　└ 塩、粗びき黒こしょう …… 各少々

●作り方
1 Aを混ぜ合わせる。
2 ゆでブロッコリー、ゆでカリフラワーを電子レンジで温めて水けをよくきり、1につけていただく。

チンするだけ！ ブロッコリーのカニカマあんかけ

⏱ 10分

●材料（2～3人分）
ゆでブロッコリー ……………… ½株分（120g）
かに風味かまぼこ ……………… 5本
A ┌ 水 …………………………… 100㎖
　│ 酒、鶏ガラスープの素（顆粒）… 各大さじ½
　│ 水溶き片栗粉 ……………… 小さじ2
　└ ごま油 ……………………… 小さじ½
塩、こしょう …………………… 各少々

●作り方
1 ゆでブロッコリーは電子レンジで温め、水けをきって器に盛る。
2 鍋にAを煮立たせ、手で裂いたかに風味かまぼこを加えて塩、こしょうで味を調えて1にかける。

冷凍ストックしておくと便利な野菜

きのこ

かさが肉厚でかさの裏側が変色していないもの、軸にハリがあり、香りが強いものが新鮮で良質。

冷蔵保存するときは… 冷蔵 1週間

きのこは水分をよく乾かし、ペーパータオルを敷いた容器に重ならないように入れ、ふたをして冷蔵庫へ。

冷凍ストック！ きのこミックス 生 で 冷凍 1か月

●作り方（しめじ1パック、えのきだけ1袋、しいたけ1パック分）

石づきを切り、調整しやすい大きさに切る。そのまま保存袋に入れ、つぶれない程度に空気を抜く。解凍法は冷凍のまま調理。生のきのこと変わらず、炒め物や煮物、汁物、マリネなど、幅広く活用できる。

あらかじめ食べやすい大きさに切って冷凍すると、凍ったまま調理できるので便利。

炒めるだけ！ きのこのガーリックソテー 5分

●材料（2〜3人分）
- きのこミックス……… ½袋（135g）
- バター ……………………… 10g
- にんにく（みじん切り）……… 1片分
- A [酒、しょうゆ……… 各小さじ1
    塩、粗びき黒こしょう…各少々]
- パセリ（みじん切り）……… 適量

●作り方
1. フライパンにバターとにんにくを入れて弱火にかけ、香りが出たら強火にし、凍ったままのきのこミックスを加えてさっと炒める。
2. 1にAを加えて炒め合わせ、器に盛り、パセリを散らす。

煮るだけ！ きのこ汁 10分

●材料（2〜3人分）
- きのこミックス……… ⅓袋（90g）
- 油揚げ ……………………… ½枚
- A [だし汁 ……………… 400㎖
    酒 ………………… 大さじ1
    しょうゆ、みりん…各小さじ1
    塩 ………………… 小さじ⅓]
- 万能ねぎ（小口切り）……… 2本分

●作り方
1. 油揚げは短冊切りにして油抜きをし、水けを絞る。
2. 鍋にAを煮立たせ、凍ったままのきのこミックス、1を加え、ひと煮立ちさせる。
3. 2をお椀に盛り、万能ねぎを散らす。

じゃがいも

デコボコが少なく芽が伸びていないもの、ふっくらとしているもの、皮の色が均一なものを選んで。

> **冷蔵保存するときは…** 冷蔵 1週間
> りんごと一緒に保存袋に入れて冷蔵庫へ。りんごから出るエチレンガスにはじゃがいもの発芽を抑える効果がある。

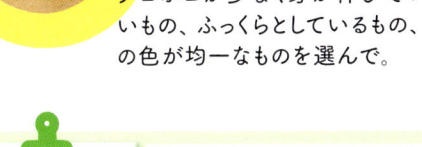

冷凍ストック！ マッシュじゃがいも ゆで 冷凍 1か月

●作り方（じゃがいも4個分）

洗って水けをふき、電子レンジ（600w）で1個ずつ3分加熱し、熱いうちに皮をむいて粗くつぶす。冷めたら小分けにしてラップに包み、保存袋へ。
解凍法は電子レンジで解凍。電子レンジで解凍後、温かい状態で調味すると味がなじみやすい。

じゃがいもは冷めると粘りが出てくるので、必ず熱いうちにフォークでつぶす。

混ぜるだけ！ ホットポテトサラダ　10分

●材料（2〜3人分）
- マッシュじゃがいも……… 2個分
- ウインナーソーセージ……… 4本
- A
  - 粒マスタード……… 大さじ1
  - すし酢……… 小さじ2
  - オリーブ油……… 小さじ1
  - 塩、こしょう……… 各少々

●作り方
1. ウインナーソーセージは斜め3等分に切る。
2. マッシュじゃがいもを耐熱容器に入れ、電子レンジ（600W）で2分加熱する。
3. 2に1を加えて混ぜ、電子レンジ（600W）でさらに2分加熱してAを混ぜ合わせる。

焼くだけ！ マッシュポテトグラタン　15分

●材料（2〜3人分）
- マッシュじゃがいも……… 4個分
- ミートソース（市販）……… 1袋（260g）
- ミックスチーズ……… 30g

●作り方
1. マッシュじゃがいもは電子レンジで解凍し、耐熱容器にミートソースと交互に重ね入れて層にする。
2. 1にミックスチーズをのせて、オーブントースターで焼き色がつくまで焼く。

4 野菜の作りおきおかず　冷凍ストック野菜　きのこ・じゃがいも

作りおき便利MEMO

＼あるとうれしい！／
冷凍フルーツとデザート

冷凍いちご

冷凍 1か月

●材料と作り方
いちご½パックを水で洗い、水けをふき取ったらヘタを取り、保存袋に入れてグラニュー糖30gをまぶし、冷凍する。

ショートケーキパン

●材料と作り方（2人分）
1. 生クリーム150mlと砂糖大さじ1を合わせて泡立てる。冷凍いちご5粒を縦半分に切る。
2. 食パン（8枚切り）2枚の耳を落とし、1枚に生クリームを塗る。1の冷凍いちごをのせ、その上に生クリームを塗って、もう1枚の食パンではさみ半分に切る。
3. 生クリームをスプーンでのせ、冷凍いちご2粒とミントを飾る。

いちごのクラフティー

●材料と作り方（2人分）
1. ボウルに卵1個と砂糖50gを入れて溶きほぐし、牛乳120ml、小麦粉40g、溶かしバター大さじ1を加えて泡立て器でかき混ぜてこす。
2. 耐熱皿にバター少々を塗って1を入れ、冷凍いちご5粒を縦半分に切って並べる。
3. オーブントースターで15〜20分焼く。途中、焼き色がついてきたら、アルミホイルをかぶせる。粉砂糖少々をふる。

冷凍煮りんご

冷凍 1か月

●材料と作り方
りんご1個の皮をむき、いちょう切りにして耐熱ボウルに入れる。レモン汁大さじ½、砂糖大さじ1½を加えてサッと混ぜ、ラップをしないで電子レンジ（600W）で3〜4分加熱する。冷めてから保存袋に入れて冷凍する。

お手軽アップルパイ

●材料と作り方（2人分）
1. 冷凍煮りんご1個分を、冷蔵庫で自然解凍する。
2. 器にバニラアイスクリーム2個分と盛り合わせ、シナモン少々をふって、市販のパイ菓子4枚を添える。

アップルクランブル

●材料と作り方（2人分）
1. ボウルにバター大さじ1、小麦粉大さじ3、砂糖大さじ2½を入れてフォークでつぶすように混ぜ、粉状になったら指先でこするようにして、ポロポロの状態にする。
2. 解凍した冷凍煮りんご1個分とレーズン大さじ1を混ぜて耐熱容器に入れ、シナモン少々をふる。1をのせて、オーブントースターで4〜5分、きつね色になるまで焼く。

フルーツは意外といたみやすいもの。ひと手間加えて冷凍すると、長期間ストックできます。そのままでも食べられますが、簡単デザートで冷凍フルーツをワンランクアップさせて♪

冷凍キウイ

冷凍 1か月

●材料と作り方
キウイ2個の皮をむき、6～7mm幅の輪切りにし、保存袋に重ならないように並べて冷凍する。

キウイのチーズデザート

●材料と作り方（2人分）
1 クリームチーズ30gと砂糖小さじ1を混ぜる。
2 クラッカー6枚に1を塗り、冷凍キウイ6枚をそれぞれにのせる。

キウイスムージー

●材料と作り方（2人分）
1 冷凍キウイ2個分、牛乳200㎖、砂糖大さじ2をミキサーにかける。お好みでレモン汁小さじ2を加えてもよい。

冷凍バナナ

冷凍 1か月

●材料と作り方
バナナ2本は皮をむいてレモン汁小さじ1をかけ、1本ずつラップに包み、保存袋に入れて冷凍する。

バナナヨーグルト

●材料と作り方（2人分）
1 冷凍バナナ1本を輪切りにして、ヨーグルト100gとあえる。

バナナ春巻き

●材料と作り方（2人分）
1 春巻きの皮2枚は対角線に包丁を入れ、1枚を4等分の三角形に切る。
2 冷凍バナナ1本を縦4等分にして、長さを半分に切る。
3 1の長辺側を下にして、ゆで小豆少々、冷凍バナナの順にのせ、下からゆるめに巻き、水溶き小麦粉少々でとめる。これを8つ作る。
4 フライパンにサラダ油少々をひき、3を並べて中火で両面を焼く。

便利な作りおき主食 ごはん

> バターのコクが
> ふわっと広がる
> お手軽ピラフ。

> カリカリじゃことしその香り
> たっぷりがうれしい！

炊飯器ピラフ

⏰ 60分 　冷蔵 2日 　冷凍 1か月

●材料（4人分）

白米……………2合	水……………340㎖
玉ねぎ…………½個	コンソメスープの素
にんにく………1片	B 　（顆粒）……大さじ1
バター…………25g	塩……………小さじ1
A ┌シーフードミックス	こしょう………少々
│（冷凍）……250g	パセリ（みじん切り）
│ミックスベジタブル	………………少々
│（冷凍）……80g	
└白ワイン…大さじ2	

●作り方

1 白米は洗ってザルにあげて水けをきる。
2 玉ねぎ、にんにくはみじん切りにする。
3 フライパンにバターを溶かし、2を入れて炒め、Aと1を加えて、アルコールを飛ばしながらさらに炒める。
4 炊飯器に3、Bを入れてよく混ぜ、普通に炊く。器に盛り、パセリを散らす。

●保存するときは…
　1食分ずつラップに包み、保存袋に入れて冷凍。

ゆかりじゃこ炒飯

⏰ 15分 　冷蔵 4日 　冷凍 1か月

●材料（4人分）

ごはん…………800g	A ┌みりん、しょうゆ
長ねぎ…………1本	│………各小さじ½
青じそ…………3枚	└ゆかり…大さじ1⅓
ごま油………大さじ2	
ちりめんじゃこ…50g	

●作り方

1 長ねぎはみじん切りに、青じそは小さい角切りにする。
2 フライパンにごま油を熱してちりめんじゃこを炒め、香ばしくなってきたら1の長ねぎを加えて、さらに炒める。
3 2にごはんを加え、ほぐしながらパラパラになるまで炒め、Aを加えて炒め合わせる。
4 器に盛り、1の青じそを散らす。

保存の名人アドバイス
おにぎりにしてラップに包み、保存袋に入れて冷凍。小腹が空いたときも、すぐに食べられて便利。

> チーズの濃厚な
> コクに包まれた
> あったかリゾット。

> 肉なしなのに
> 焼き肉風味！

レンジリゾット

⏰ 30分 　冷蔵 3日 　冷凍 1か月

● 材料（4人分）

白米	1合
ベーコン	2枚
キャベツ	2枚
にんにく	1片
粗びき黒こしょう	少々

A
- 湯 …… 700㎖
- コンソメスープの素（顆粒） …… 小さじ2

B
- バター …… 10g
- 粉チーズ …… 大さじ4
- 塩 …… 小さじ¼

● 作り方

1. 白米は洗ってザルにあげる。ベーコンは短冊切りに、キャベツはひと口大に切る。にんにくはみじん切りにする。
2. 大きめの耐熱容器に1の白米、にんにく、Aを入れて混ぜ、ふんわりとラップをかけて、電子レンジ（600W）で14分加熱する。
3. 2にB、1のベーコン、キャベツを加えて混ぜ、再びふんわりとラップをかけ、電子レンジ（600W）で5分ほど加熱し、粗びき黒こしょうをふる。

● 保存するときは…
1食分ずつラップに包み、保存袋に入れて冷凍。

調理の早ワザ
ベーコンの短冊切り
ベーコンはキッチンばさみで切りながら耐熱容器に直接入れるとラクチン。

肉なし焼き肉おにぎり

⏰ 10分 　冷蔵 4日 　冷凍 1か月

● 材料（4人分）

ごはん	800g
白いりごま	大さじ3
ごま油	大さじ½
焼き肉のたれ	大さじ5

● 作り方

1. ごはんに白いりごまを加え、混ぜ合わせて8等分にし、軽くぬらした手で円形ににぎる。
2. フライパンにごま油を中火で熱し、1を並べて両面を色よく焼く。
3. 焼き肉のたれを2の両面に少しずつ塗りながら、弱火でこんがりと焼く。

保存の名人アドバイス
1個ずつラップに包み、保存袋に入れて冷凍。解凍は電子レンジで加熱してから、オーブントースターで焼くと香ばしさも復活。

便利な作りおき主食　麺

> シンプルなトマト味で飽きのこない定番イタリアン。

> クリーミーなホワイトソースがほっとなごむやさしい一品。

ペンネアラビアータ

25分　冷蔵 4日　冷凍 1か月

●材料（4人分）

ペンネ ……… 320g	A ホールトマト缶 …… 2缶
にんにく ……… 4片	塩 ……… 小さじ½
赤唐辛子 ……… 2～3本	砂糖 ……… 小さじ1
オリーブ油 ……… 大さじ5	粉チーズ ……… 適量

●作り方

1 にんにくは4等分に切る。赤唐辛子は種を取り除く。

2 フライパンにオリーブ油と1のにんにくを入れて弱火にかけ、にんにくがきつね色になるまで炒める。

3 2の火を止めて1の赤唐辛子、Aを加えて強火にし、煮立ったら弱火にして、ホールトマトをつぶしながら15分ほど煮つめる。

4 ペンネは表示通りにゆでて水けをきり、3とからめる。器に盛り、粉チーズをかける。

●保存するときは…
1食分ずつラップに包み、保存袋に入れて冷凍。からめる前に、ソースとパスタに分けて保存しても。

調理の早ワザ
赤唐辛子の種取り　赤唐辛子のヘタを切り取り、切り口を下に向けて指ではじくと、かんたんに種取りができる。

マカロニグラタン

25分　冷蔵 3日　冷凍 1か月

●材料（4人分）

マカロニ ……… 200g	A 牛乳 ……… 200mℓ
鶏もも肉 ……… 1枚	ホワイトソース（市販） ……… 1缶（290g）
玉ねぎ ……… ½個	塩、こしょう ……… 各少々
マッシュルーム ……… 8個	
バター ……… 20g	ミックスチーズ ……… 80g

●作り方

1 マカロニは表示通りにゆで、ザルにあげて水けをきる。

2 鶏もも肉は小さめのひと口大に切る。玉ねぎは1cm角に、マッシュルームは5mm幅に切る。

3 フライパンにバターを溶かし、2を順に炒め、玉ねぎが透き通ったらAを加えて混ぜ、煮立ったら1を加えてさらに混ぜる。

4 グラタン皿にバター（分量外）を塗り、3を入れ、ミックスチーズをのせて200℃のオーブンで10分ほど焼く。

●保存するときは…
作り方3のときに1食分ずつラップに包み、保存袋に入れて冷凍。食べるときには作り方4から。

あまったら冷凍！
くっついて解凍しづらくなるのを防ぐために、ゆでたマカロニにオリーブ油をまぶし、保存袋へ。

濃厚ソースの香りがどこか懐かしい味。

塩昆布のうまみが決め手。

ソース焼きうどん

⏰ 15分　冷蔵 3日　冷凍 1か月

● 材料（4人分）

ゆでうどん……4玉	にんじん……½本
牛こま切れ肉……300g	ピーマン……2個
塩……少々	サラダ油……大さじ1½
玉ねぎ……½個	中濃ソース……大さじ5

● 作り方

1 牛こま切れ肉に塩をふる。玉ねぎは薄切りに、にんじんは短冊切りに、ピーマンは細切りにする。

2 フライパンにサラダ油を熱し、1の牛肉を炒め、残りの1を加えてさらに炒める。

3 2にゆでうどんを入れて菜箸でほぐしながら炒め、中濃ソースを加えて炒め合わせる。

●保存するときは…
1食分ずつラップに包み、保存袋に入れて冷凍。

材料チェンジ
- 中濃ソース大さじ5 ➡ **オイスターソース大さじ4**
- 牛こま切れ肉300g ➡ **豚こま切れ肉300g**

アスパラの塩昆布焼きそば

⏰ 15分　冷蔵 3日　冷凍 1か月

● 材料（4人分）

中華蒸し麺……4玉	サラダ油……大さじ1½
豚バラ薄切り肉……150g	酒、水……各大さじ2
グリーンアスパラガス……8本	塩昆布……40g
にんじん……1本	こしょう……少々

● 作り方

1 豚バラ薄切り肉は食べやすい大きさに切る。

2 グリーンアスパラガスは根元のかたい部分を切り落として斜め切りにし、にんじんは短冊切りにする。

3 フライパンにサラダ油を熱し、1、2を順に炒める。

4 3に中華蒸し麺、酒、水を加えて菜箸でほぐしながら炒め、塩昆布、こしょうを加えて炒め合わせる。

●保存するときは…
1食分ずつラップに包み、保存袋に入れて冷凍。

材料チェンジ
- 塩昆布40g ➡ **鶏ガラスープの素大さじ2**
- **半熟の目玉焼き** を上にのせて

便利な作りおき主食
パン

> しっとり甘い朝食で幸せ気分に。

> 軽くつまめて子どもも大喜び！

フレンチトースト

⏰ 30分 ｜ 冷蔵 3日 ｜ 冷凍 1か月

● 材料（4人分）
- バゲット（3cm幅の斜め切り）……8枚
- 卵……3個
- A ┌ 牛乳……350㎖
  ├ 砂糖……大さじ4
  └ バニラエッセンス……少々
- バター……30g
- 粉砂糖、はちみつ……各適量

● 作り方
1. 卵を溶きほぐしてバットに入れ、Aを加えてよく混ぜる。
2. バゲットを1に漬けて、5分ごとに返しながら20分ほどおく。
3. フライパンにバターを溶かし、2を入れて中火で焼く。焼き色がついたら、裏返してさらに焼く。
4. 器に盛り、粉砂糖、はちみつをかける。

保存の名人アドバイス
焼き上げてから1枚ずつラップに包み、保存袋に入れて冷凍。電子レンジで温めて解凍する。

ロールサンド

⏰ 各40分 ｜ 冷蔵 3日 ｜ 冷凍 1か月

● 材料（4人分）

〈ハムチーズロールサンド〉
- 食パン（サンドイッチ用）……4枚
- A ┌ バター（室温にもどす）……20g
  └ マスタード……小さじ2/3
- ロースハム、スライスチーズ……各4枚

〈ジャムロールサンド〉
- 食パン（サンドイッチ用）……4枚
- バター（室温にもどす）……20g
- （好みの）ジャム……小さじ4

● 作り方

〈ハムチーズロールサンド〉
1. ラップを広げて食パンをおき、巻き終わり側を少し残して、練り合わせたAを1枚ずつ等分に塗る。
2. 1にハム、スライスチーズをそれぞれ1枚ずつのせ、端からラップに包むように巻く。30分ほどおいて形をなじませ、ラップごと切る。

〈ジャムロールサンド〉
1. ラップを広げて食パンをおき、巻き終わり側を少し残して、バターを1枚ずつ等分に塗る。さらにジャムも等分に塗り広げ、端からラップに包むように巻く。
2. 1を30分ほどおいて形をなじませ、ラップごと切る。

● 保存するときは…
ラップのまま保存袋に入れて冷凍。

ピザトースト

とろ～リチーズを
たっぷりのせて。

⏰ 20分 | 冷蔵 3日 | 冷凍 1か月

●材料（4人分）
- 食パン（8枚切り）……4枚
- 玉ねぎ…………………1/4個
- ピーマン…………………2個
- プチトマト………………4個
- ウインナーソーセージ…4本
- ピザ用ソース………大さじ5
- ミックスチーズ………100g

●作り方
1. 玉ねぎは薄切りにし、ピーマンは輪切りにし、プチトマトは横半分に切る。
2. ウインナーソーセージは斜め4等分に切る。
3. オーブントースターのトレイにオーブンシートを敷いて食パンを並べ、ピザ用ソースを塗る。
4. 3の食パンに1、2をそれぞれ等分にのせ、ミックスチーズを散らす。チーズが溶けるまで焼く。

●保存するときは…
焼く前の状態で1食分ずつラップに包み、保存袋に入れて冷凍。

材料チェンジ
- ピザ用ソース大さじ5 ➡ トマトケチャップ大さじ5
- ウインナーソーセージ4本 ➡ サラミ12枚

ガーリックトースト

香ばしいバゲットに
ガーリックバターが
ジュッと広がる！

⏰ 10分 | 冷蔵 4日 | 冷凍 1か月

●材料（4人分）
- バゲット………………40cm
- バター（室温にもどす）…40g
- にんにく…………………1片
- A　パセリ（みじん切り）…大さじ1/2
　　こしょう………………少々

●作り方
1. バゲットは半分の長さに切り、さらに縦半分に切って、切り込みを数か所入れる。にんにくはすりおろす。
2. バターに1のにんにく、Aを練り合わせる。
3. 1のバゲットの切り口に2を塗り、オーブントースターで焼き色がつくまで3～4分焼く。

保存の名人アドバイス
ガーリックバターを塗ったバゲットをラップで包み、保存袋に入れて冷凍。そのままオーブントースターで焼いてどうぞ。

材料別さくいん

肉

●鶏肉
- 揚げだしチキン … 21
- 塩から揚げ … 20
- タンドリーチキン … 31
- チキントースト … 32
- 鶏ささみの梅じそロール巻き … 39
- 鶏ささみのチーズガーリックピカタ … 38
- 鶏ささみのマヨ七味焼き … 39
- 鶏手羽の揚げポン漬け … 41
- 鶏手羽のママレード煮 … 40
- 鶏手羽のゆずこうじ焼き … 41
- 鶏肉とかぼちゃのたれ焼き … 32
- 鶏肉の梅にんにく焼き … 28
- 鶏肉のエスニック焼き … 27
- 鶏肉のサルティンボッカ風 … 31
- 鶏肉のめんつゆ煮 … 27
- 鶏肉のゆずこしょうソテー … 26
- 鶏肉のレンジロール … 33
- バターチキンカレー … 29
- バターチキンドリア … 29
- ひと口チキン南蛮 … 21
- ピリ辛鶏 … 21
- ふわふわチキンナゲット … 30
- マカロニグラタン … 136

●豚肉
- アスパラの塩昆布焼きそば … 137
- アスパラの豚巻き … 44
- カリカリポークサラダ … 51
- 韓国風しょうが焼き … 52
- サムギョプサル風豚キャベツ … 57
- 塩肉豆腐 … 45
- すし酢酢豚 … 55
- チーズカツサンド … 53
- 中華風ポークソテー … 55
- ひと口チーズとんカツ … 53
- 豚こま逆さシューマイ … 48
- 豚肉と小松菜のコチュジャン炒め … 47
- 豚肉とさつまいもコロッケ … 46
- 豚肉とさつまいもの塩昆布蒸し … 46
- 豚肉としめじのすき煮 … 50
- 豚肉と豆のトマト煮 … 57
- 豚肉とれんこんの山椒きんぴら … 49
- 豚肉のカリカリポークビネガー … 51
- 豚肉のごま団子 … 49
- 豚肉のにんにく塩煮 … 45
- 豚肉のパセリパン粉焼き … 54
- 豚肉のみそマヨグリル … 53
- 豚肉のゆかりしそロール … 45
- 和風チャーシュー … 56

●牛肉
- おかず牛サラダ … 13
- カレーうどん … 13
- 牛すき煮 … 12
- 牛肉ときのこのバルサミコ炒め … 63
- 牛肉と根菜のみそ煮 … 62
- 牛肉とパプリカのマリネ … 61
- 牛肉のケチャップ炒め … 61
- 牛肉のココナッツカレー … 65
- 牛肉の塩こうじ焼き … 67
- 牛肉のしょうが煮 … 60
- 牛肉のジョン … 13
- 牛肉のデミグラスソース煮 … 67
- 牛肉のミルフィーユカツ … 65
- 牛肉の野菜巻き … 64
- クリームシチュー … 66
- ソース焼きうどん … 137
- ポトフ … 66
- 和風根菜カレー … 62

●ひき肉
- 薄型ミートローフ … 68
- オクラの肉みそ炒め … 69
- ガパオそぼろ … 35
- かば焼き鶏 … 37
- 韓国風ひき肉焼き … 69
- キーマカレー … 16
- キーマジャージャー麺 … 17
- サラダうどん … 35
- ジャージャーなす … 58

じゃがいものサブジ……………17	鮭のちゃんちゃん焼き………72	ラタトゥイユ………………14
ジューシーハンバーグ………18	鮭の幽庵焼き風……………74	●カリフラワー
照りつくね丼…………………36	●さば	温野菜ディップ……………129
鶏ひき肉のきつね煮…………34	さばのコチュジャン煮………80	●キャベツ
煮込みハンバーグ……………19	さばのレモン蒸し……………81	キャベツと厚揚げのピリ辛炒め…103
ねぎ塩つくね…………………36	焼きさば寿司…………………81	キャベツとカニカマのコールスロー
バターロールハンバーガー…19	焼きしめさば…………………81	………………………………103
焼きカレー……………………17	●さんま	キャベツの梅おかかあえ……102
焼きソーセージ………………59	さんまのイタリアンロースト……87	鮭のちゃんちゃん焼き………72
焼きメンチカツ………………19	さんまのごま煮………………87	サムギョプサル風豚キャベツ…57
れんこんお焼き………………35	さんまのハーブソルト焼き……86	せん切り野菜のコンソメスープ…85
レンジポークボール…………59	●たら	ツナのキャベツ炒め…………97
レンジミートソース…………42	たらの青じそピカタ…………91	ポトフ…………………………66
	たらの南蛮漬け………………91	マヨキャベひじき……………23
魚介類	たらのポン酢蒸し……………90	レンジリゾット……………135
●あじ	●ぶり	●きゅうり
あじのしそチーズフライ……83	ぶりの黒こしょう焼き………88	お手軽ちらし………………125
あじのねぎみそ焼き…………82	ぶりのタンドリー風…………89	マカロニサラダ……………125
あじのバターしょうゆ焼き…83	ぶりの豆板醤煮………………89	●グリーンアスパラガス
●いか		アスパラの塩昆布焼きそば……137
いかと里いもの煮物…………93	**魚介加工品**	アスパラのピーナッツバターあえ
いかとブロッコリーの中華炒め…93	●ツナ缶	………………………………128
いかのホイル焼き……………92	ゴーヤのツナボード…………97	アスパラの豚巻き……………44
●えび	ツナと小松菜のコロッケ……96	アスパラのマスタードグリル…128
えびチリ………………………95	ツナのキャベツ炒め…………97	牛肉の塩こうじ焼き…………67
えびのオイル煮………………95	にんじんのツナ炒め…………101	鶏肉のレンジロール…………33
えびの茶碗蒸し………………94		●ごぼう
かぶとえびの白だし煮………94	**野菜**	牛肉と根菜のみそ煮…………62
●かじき	●アボカド	牛肉の野菜巻き………………64
かじきのエスカベッシュ風…79	アボカドやっこ……………127	ごぼう南蛮…………………113
かじきのオイスターソース炒め…77	カニカマとアボカドのチーズ焼き	ごぼうの青のりまぶし……113
かじきのキムチ蒸し…………76	………………………………127	たたきごぼう………………112
かじきのくわ焼き山椒風味…77	●かぼちゃ	●大根
かじきのトマト煮……………78	かぼちゃ茶巾………………118	鮭と大根の煮物………………73
かじきのトマトリゾット……78	かぼちゃのいとこあえ……118	大根のカレーピクルス……115
●鮭	かぼちゃのスイートサラダ…119	大根のみそ漬け……………114
鮭グラタン……………………75	かぼちゃのナムル…………119	大根の和風炒め……………115
鮭と大根の煮物………………73	チキントースト………………32	●玉ねぎ
鮭のカレー竜田揚げ…………73	鶏肉とかぼちゃのたれ焼き…32	かじきのエスカベッシュ風…79
鮭のコーンクリーム煮………75		牛すき煮………………………12
		さばのレモン蒸し……………81

玉ねぎと車麩の卵とじ……………109
玉ねぎとじゃこの炒め物……………109
玉ねぎと麩の煮びたし………………109
玉ねぎのゆずこしょう焼き…………108
たらの南蛮漬け………………………91
●トマト・プチトマト
さんまのイタリアンロースト………87
トマトシャーベット…………………124
トマトそうめん………………………124
●長ねぎ
あじのねぎみそ焼き…………………82
えびチリ………………………………95
かじきのキムチ蒸し…………………76
長ねぎのザーサイ炒め………………105
長ねぎのたらこ煮……………………104
ねぎ塩ソース…………………………43
ねぎ塩つくね…………………………36
ぶりの豆板醤煮………………………89
焼きなすの香味漬け…………………111
焼きねぎマリネ………………………105
●なす
ジャージャーなす……………………58
なすとおかかベーコン………………110
なすの塩こうじあえ…………………111
焼きなすの香味漬け…………………111
ラタトゥイユ…………………………14
●にんじん
キャロットラペ………………………100
牛肉のデミグラスソース煮…………67
鶏肉のめんつゆ煮……………………27
にんじんのツナ炒め…………………101
にんじんのナッツ蒸し………………101
ポトフ…………………………………66
●パプリカ
かじきのオイスターソース炒め……77
牛肉とパプリカのマリネ……………61
すし酢酢豚……………………………55
パプリカのオープンオムレツ………126
パプリカのケチャップラタトゥイユ
 …………………………………………126

●ブロッコリー
いかとブロッコリーの中華炒め……93
温野菜ディップ………………………129
牛肉のデミグラスソース煮…………67
ブロッコリーのカニカマあんかけ
 …………………………………………129
●ほうれん草
切り干し大根のごまあえ……………122
巣ごもり卵……………………………107
たらのポン酢蒸し……………………90
ほうれん草のクリーム煮……………107
ほうれん草のじゃこあえ……………106

野菜加工品

●梅干し
梅はちみつソース……………………43
キャベツの梅おかかあえ……………102
鶏ささみの梅じそロール巻き………39
鶏肉の梅にんにく焼き………………28
●コーンクリーム缶
コーンスープ…………………………85
鮭のコーンクリーム煮………………75
●トマト缶
かじきのトマト煮……………………78
大豆のチリコンカン…………………121
豚肉と豆のトマト煮…………………57
ペンネアラビアータ…………………136
ミネストローネ………………………15
野菜リゾット…………………………15
ラタトゥイユ…………………………14
ラタトゥイユオムレツ………………15
レンジミートソース…………………42
●らっきょう
マスタードソース……………………43

いも類

●さつまいも
さつまいもの塩バター煮……………117
さつまいものペペロンチーノ………117

さつまいものマスタードサラダ……116
豚肉とさつまいもコロッケ…………46
豚肉とさつまいもの塩昆布蒸し……46
●じゃがいも
じゃがいものサブジ…………………17
ツナと小松菜のコロッケ……………96
ホットポテトサラダ…………………131
マッシュポテトグラタン……………131
●里いも
いかと里いもの煮物…………………93

きのこ

いかのホイル焼き……………………92
きのこ汁………………………………130
きのこのガーリックソテー…………130
牛肉ときのこのバルサミコ炒め……63
自家製なめたけ………………………42
豚肉としめじのすき煮………………50

大豆製品

●大豆（水煮）
昆布豆…………………………………120
大豆のソースマリネ…………………121
大豆のチリコンカン…………………121
チリドッグ……………………………121
ひじきの煮物…………………………22
●豆腐
アボカドやっこ………………………127
塩肉豆腐………………………………45
●厚揚げ
キャベツと厚揚げのピリ辛炒め……103

穀類

●米
お手軽ちらし…………………………125
かじきのトマトリゾット……………78
炊飯器ピラフ…………………………134
照りつくね丼…………………………36

肉なし焼き肉おにぎり……… 135
バターチキンドリア……… 29
焼きカレー……… 17
焼きさば寿司……… 81
野菜リゾット……… 15
ゆかりじゃこ炒飯……… 134
レンジリゾット……… 135
和風根菜カレー……… 62
●パスタ
鮭グラタン……… 75
ペンネアラビアータ……… 136
マカロニグラタン……… 136
マカロニサラダ……… 125
ミネストローネ……… 15
和風ひじきパスタ……… 23
●うどん
カレーうどん……… 13
サラダうどん……… 35
ソース焼きうどん……… 137
●中華蒸し麺
アスパラの塩昆布焼きそば……… 137
キーマジャージャー麺……… 17
●そうめん
トマトそうめん……… 124
●パン
ガーリックトースト……… 139
ジャムロールサンド……… 138
ショートケーキパン……… 132
チーズカツサンド……… 53
チキントースト……… 32
チリドッグ……… 121
バターロールハンバーガー……… 19
ハムチーズロールサンド……… 138
ピザトースト……… 139
フレンチトースト……… 138

卵

薄型ミートローフ……… 68
えびの茶碗蒸し……… 94
牛肉のジョン……… 13
切り干し大根の卵焼き……… 123
具だくさん卵焼き……… 23
巣ごもり卵……… 107
玉ねぎと車麩の卵とじ……… 109
たらの青じそピカタ……… 91
鶏ささみのチーズガーリックピカタ……… 38
パプリカのオープンオムレツ……… 126
フレンチトースト……… 138
ふわふわチキンナゲット……… 30
ラタトゥイユオムレツ……… 15

乾物

●切り干し大根
切り干し大根のごまあえ……… 122
切り干し大根の卵焼き……… 123
切り干しナポリタン……… 123
●ひじき
具だくさん卵焼き……… 23
鶏ひき肉のきつね煮……… 34
ひじきの煮物……… 22
マヨキャベひじき……… 23
和風ひじきパスタ……… 23

果物

●いちご
いちごのクラフティー……… 132
ショートケーキパン……… 132
●キウイ
キウイスムージー……… 133
キウイのチーズデザート……… 133
●バナナ
バナナ春巻き……… 133
バナナヨーグルト……… 133
●りんご
アップルクランブル……… 132
お手軽アップルパイ……… 132

その他

●ごま
かぼちゃのナムル……… 119
切り干し大根のごまあえ……… 122
コチュジャンみそソース……… 43
さんまのごま煮……… 87
たたきごぼう……… 112
鶏手羽のゆずこうじ焼き……… 41
肉なし焼き肉おにぎり……… 135
ねぎ塩ソース……… 43
豚肉のごま団子……… 49

- ●料理　　　　　茂木亜希子、曽根小有里、原山早織（食のスタジオ）
- ●スタイリング　　茂木亜希子（食のスタジオ）
- ●撮影　　　　　原 ヒデトシ
- ●イラスト　　　　シュクヤフミコ
- ●デザイン　　　　岡田恵子（ok design）
- ●DTP　　　　　株式会社秀文社
- ●校正　　　　　千葉 睦
- ●商品協力　　　株式会社千趣会　野田琺瑯株式会社
- ●編集協力　　　高 裕善、森下紗綾香（食のスタジオ）　森 明美

かんたん！ラクチン！ 作りおきの便利おかず218

- ●編　者　　　　食のスタジオ［しょくのすたじお］
- ●発行者　　　　若松 和紀
- ●発行所　　　　株式会社西東社（せいとうしゃ）
  〒113-0034 東京都文京区湯島 2-3-13
  営業部：TEL（03）5800-3120　　FAX（03）5800-3128
  編集部：TEL（03）5800-3121　　FAX（03）5800-3125
  URL：http://www.seitosha.co.jp/

本書の内容の一部あるいは全部を無断でコピー、データファイル化することは、法律で認められた場合をのぞき、著作者及び出版社の権利を侵害することになります。
第三者による電子データ化、電子書籍化はいかなる場合も認められておりません。
落丁・乱丁本は、小社「営業部」宛にご送付ください。送料小社負担にて、お取替えいたします。
ISBN978-4-7916-2140-8